대일출판사

글 이다온

펴낸날 2022년 8월 10일

펴낸이 오동섭
펴낸곳 대일출판사
주소 서울특별시 동대문구 하정로42.(신설동) 옥도빌딩 3층
전화 766-2331~2
팩스 745-7883
등록 제1-87호(1972. 10. 16)
편집·디자인 정글북

ISBN 978-89-7795-584-4   73800

이 책에 실린 글, 그림은 저작권자의 동의 없이 무단전재나 복제를 할 수 없습니다.
잘못 만들어진 책은 구입하신 서점에서 바꿔 드립니다.

대일출판사는 아이와 같은 순수함으로 좋은 책을 만듭니다.
해맑은 아이의 웃음을 책에 담습니다.

품명 아동도서	제조년월 판권에 별도 표기
사용연령 8세 이상	제조자명 대일출판사
제조국 대한민국	연락처 02-766-2331
주소 서울특별시 동대문구 하정로 42 옥도빌딩 3층
주의사항 종이에 베이거나 긁히지 않도록 조심하세요.
책 모서리가 날카로우니 던지거나 떨어뜨리지 마세요.
KC마크는 이 제품이 공통안전기준에 적합하였음을 의미합니다.

맨 처음이 궁금한 최초의 것들

글 이다온

대일출판사

처음에는 과거와 현재,
그리고 미래가 있다?

　우리는 매일 먹을거리로 배를 채우고, 입을거리로 몸을 보호하며, 살거리로 안전하게 지냅니다. 또 과자도 먹고, 모자도 쓰며, 학교에도 갑니다. 동물도 매일 먹습니다. 하지만 옷이나 모자를 걸치지 않고, 집이 아니라 들판이나 숲에서 잠을 잡니다. 지구에서 같이 살아가고 있지만, 먹을거리와 입을거리, 살거리를 모두 누리고 사는 생물은 사람뿐입니다. 먹을거리와 입을거리, 살거리를 우리는 '의식주(衣食住)'라고 합니다

　의식주는 사람이 살아가는 데 가장 기본적이고, 중요한 것입니다. 일단 사람은 먹지 않으면 살 수 없습니다. 굶으면 살아가는 데 필요한 에너지를 얻을 수 없기 때문입니다. 옷이 없어도 살 수 없습니다. 동물들처럼 털이나 두꺼운 가죽이 없어서 상처를

입기 쉽기 때문입니다. 또 집이 없어도 살 수 없습니다. 개구리처럼 주위 온도에 따라 체온을 조절할 수도 없고, 곰처럼 겨울잠을 잘 수도 없기 때문입니다.

문명이 발전하면서 먹을거리와 입을거리, 살거리는 다양해졌습니다. 그것들은 문화와 습관, 종교, 자연환경, 그리고 역사적 사건들에 영향을 받았습니다. 그래서 사람이 사람답게 살아가기 위해 꼭 필요한 의식주가 언제, 왜, 어떻게 시작되었는지를 살펴보면 사람이 어떻게 발전하면서 살아왔는지 깨닫게 됩니다. 재미있는 이야기, 다양한 그림과 사진으로 우리를 둘러싼 모든 것들의 시작을 살펴본다면 세상을 보다 큰 눈으로 바라볼 수 있을 것입니다.

차례

머리말 처음에는 과거와 현재, 그리고 미래가 있다 ············ 4

❶ 먹을거리의 시작

제일 처음 재배한 곡식 **밀과 보리** ························· 13

맛있는 약은 하루에 한 알 **먹는 배** ····················· 17

화가 나서 만들었다 **감자칩** ······························· 20

당근은 당근색이 아니었다 **당근과 당근색** ········· 24

밥보다 빵보다 라면 **인스턴트라면과 컵라면** ······ 29

학자들이 관심을 가진 거품 **탄산수** ···················· 34

황태자를 죽인 돼지를 모두 없애 버려라 **햄과 베이컨** ········· 39

꿀을 만드는 신기한 식물 **사탕수수와 설탕** ········ 44

얼음창고에서 얼린 과일에 우유를 섞다 **아이스크림** ········· 49

아일랜드 사람들이 미국으로 떠난 이유 **감자** ···· 53

일하느라 밥 먹을 시간이 없다 **샌드위치**	60
과일 중의 공주, 과일 중의 왕자 **파인애플**	65
고기가 질겨서 갈아 먹었다 **햄버거**	70
비밀을 지키지 않으면 사형 **초콜릿**	75
신의 선물, 신의 음식 **버섯**	80
오스만제국을 물리칠 수 있었던 이유 **크루아상**	85
정신이 맑아지는 신의 음료 **커피**	89
세상에서 가장 나이 많은 나무 **올리브**	94
게르만족이여, 뼈가 없는 동물을 먹지 마라 **문어와 오징어**	98
호박처럼 다디단 감자 **고구마**	103

❷ 입을거리의 시작

무사히 돌아오기를 바라는 마음을 담아 **넥타이**	**109**
꼬리를 자르고 유행을 이끌다 **턱시도**	**114**
착용한 자는 천국에 갈 수 없다 **가발**	**118**
실용 위에 멋을 얹다 **청바지**	**124**
전투아이템이 패션아이템으로 **스타킹**	**129**
편견에 맞선 과감한 도전 **웨딩드레스**	**135**
조금이라도 더 크게 **하이힐**	**141**
멋쟁이의 필수품은 생선등뼈 **머리빗**	**147**
시카고 만국박람회가 탄생시킨 세기의 발명 **지퍼**	**155**
보호를 위해 썼다가 신분증이 되었다 **모자**	**161**

③ 살거리의 시작

고대로마의 집단거주지 **아파트** ········ 169

인류가 쌓아 온 모든 지식의 창고 **도서관** ········ 175

차를 마시며 예술을 창조하다 **카페** ········ 183

정복자들의 자기자랑 욕심 **동물원** ········ 189

아이들의 천국 **놀이공원** ········ 194

현대인의 욕망을 한곳에 모으다 **백화점** ········ 200

순례자들을 위한 숙소 **호텔** ········ 206

꿈이 현실이 되는 곳 **영화관** ········ 211

치열한 삶의 현장 **시장** ········ 215

최고의 권력을 가진 자의 집 **궁전** ········ 220

1 먹을거리의 시작

우리는 언제부터 먹게 되었을까?

먹는 음식이
곧 자신이다.

루트비히 포이어바흐

Man is what he eats.
- Ludwig Feuerbach -

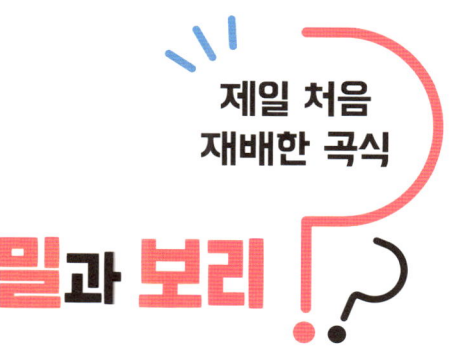

제일 처음 재배한 곡식 밀과 보리

동물가죽을 두른 소년이 강가를 걷고 있었다. 머리는 덥수룩했고, 들쭉날쭉했다. 손에는 막대기에 돌멩이를 묶어 놓은 작은 돌도끼를 들고 있었다.

"아휴, 배고파. 오늘은 작은 물새도 보이지 않네."

오리를 사냥하려 했지만, 오늘따라 보이는 게 없었다.

한참을 두리번거리던 소년의 눈에 무언가 들어왔다. 갈대처럼 가늘었지만 키는 무릎 정도밖에 되지 않는 풀들이 무리 지어 있었다. 게다가 씨앗인지 모를 포동포동한 알갱이들이 풀잎 끝마다 매달려 있었다.

"아, 신기한 열매네. 먹어도 되나?"

소년은 알갱이를 하나 톡 떼어 입으로 가져갔다.

"음, 껍질이 까끌까끌하네. 벗기고 먹어야 하나?"

소년은 손톱으로 껍질을 깠다. 그 안에는 속살이 하얀 알갱이가 들어 있었다.

"음, 너무 작아서 배부르기는 힘들겠다. 맛도 별로인 것 같고. 그냥 새나 잡아야지."

소년은 미련 없이 자리를 떠났다.

며칠이 지났다. 소년은 사냥을 나갔다. 지난번에 갔던 풀밭에도 갔다. 그런데 풀밭이 온통 새까맣게 변해 있었다.

"어젯밤에 천둥 번개가 요란하더니 벼락을 맞은 모양이네. 그런데 어디서 고소한 냄새가 나는데?"

소년은 고소한 냄새를 찾아 코를 벌름거렸다. 냄새는 타 버린 알갱이들에서 나고 있었다. 소년은 손으로 쭉 훑어서 알갱이들을 모은 다음 손바닥으로 비볐다. 그러자 까만 껍질이 부서지면서 잘 익은 알갱이가 나타났다.

소년은 그것들을 한입에 털어 넣었다.

"아, 맛있다. 불에 익히니까 먹을 만하네."

그날 소년은 가지고 갈 수 있는 만큼 알갱이들을 모았다. 그리고 집으로 가서 식구들과 맛있게 나눠 먹었다.

1만 년 전쯤 사람들은 주로 사냥하며 살았다. 그러다 아주 우연히 무리 지어 자라고 있던 식물을 만났고, 우연히 불에 익혀 먹었다. 그 다음부터 사람들은 이 식물이 자라고 있는 곳을 찾아 나섰다. 사냥은 못 잡는 날이 많아서 굶는 날이 많았다. 또 잡더라도 금방 상해서 오래 두고 먹을 수 없었다. 하지만 식물의 알갱이는 동물처럼 도망가지 않아서 채집하기도 쉬웠고, 오래 두고 먹을 수도 있었다.

그러다 사람들은 이 식물이 봄에 싹 트고 여름에 열매 맺고 가을에 여문다는 것을 알게 되었다. 또 강 상류에서 떠내려온 흙과 모래들이 쌓여 만들어진 하류의 넓은 땅에서 잘 자란다는 것도 알게 되었다. 우리는 지금 이런 땅을 삼각주라고 한다. 씨를 말려 두었다가 봄에 뿌리면 싹이 트는 것도 알게 되었다. 이 식물이 바로 밀이다.

기원전 7000년쯤 티그리스강과 유프라테스강 사이 기름진 땅에 많은 사람이 살았다. 이들은 그 땅 위에 직접 많은 양의 밀씨를 뿌리고 키웠다. 학자들이 연구한 것에 따르면 이때 밀씨의 유전자가 야생의 밀씨와 거의 같다고 한다. 야생의 밀씨를 가져다가 집 앞에 뿌려서 재배한 것이다. 사람들이 물도 주고 잡초도 뽑아 주자 수확하는 양도 많아졌다. 먹을 것이 넉넉해지자 사람들이 더 많이 모여들었다. 그래서 도시는 더 거대해졌다. 그들은 기름지고 너른 밀밭 근처에 문명을 세웠다. 메소포타미아문명이다.

낫을 든 남성이 여성에게 밀을 주고 있는 아시리아의 석판(기원전 800년경)

사람들은 궁금했다. 밀 말고 키울 수 있는 게 또 있지 않을까 하고. 그래서 이것저것을 채집해서 심어 봤다. 그 결과 기원전 6000년경, 그러니까 지금으로부터 8,000년 전에 두 번째 곡식을 재배하게 되었다. 보리였다. 오늘날에도 보리는 식량은 물론이고 가축의 사료나 맥주, 위스키 같은 술을 만드는 데 사용되고 있다.

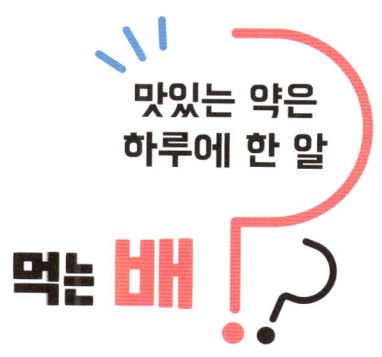

맛있는 약은
하루에 한 알
먹는 배?

"다 먹었니?"
아이가 수저를 놓자 엄마가 물었다.
"맛있어서 너무 많이 먹은 모양이에요. 속이 답답해요."
"저런! 더 힘들기 전에 이것부터 먹어라."
엄마는 아이 앞으로 접시를 내밀었다.
"배불러요. 여기서 더 먹었다가는 체하고 말 거예요."
아이는 엄마가 예쁘게 깎아 접시에 올려놓은 것을 시큰둥하게 바라보았다. 그러다 한 조각을 들어 크게 베어 물었다.
"아, 달콤해요. 새콤하고 시원한 맛이 나요."
아이는 남은 조각마저 한입에 털어 넣었다.
"그렇지? 하루에 이거 한 알만 먹으면 의사가 따로 필요 없다지 뭐니? 밥을 먹은 다음에 먹으면 소화도 잘되고, 감기에도 안 걸린다더구나."

4,300년 전 메소포타미아에는 수메르 사람들이 살았다. 그런데 그들은 식사를 마치면 약 대신 과일을 먹었다. 바로 배다. 지금처럼 디저트로 먹은 건 아니었다. 소화가 잘 안 될 때도 배를 먹었고, 감기에 걸렸을 때도 배를 먹었다. 수메르 사람들에게 배는 자연이 주는 약이었다.

비슷한 때 중국에도 배가 있었다. 왕의 무덤에서 배 씨앗이 나온 게 증거다. 하지만 먹은 건지, 바른 건지, 장식만 했던 건지 정확히 알 수 없다. 기록이 없기 때문이다.

고대그리스 사람들은 자연에서 채집하는 것 말고도 직접 키우고 수확했다. 위대한 시인이자 작가인 호메로스가 배를 재배하는 법을 글로 남길 정도였다. 그리스 사람들은 배 키우는 방법을 이집트에 알려 주었고,

플리니우스

이집트는 로마에 알려 주었다. 또 로마 군인들은 유럽으로 영토를 확장해 가면서 배를 유럽에 퍼뜨렸다. 로마 사람들은 더 맛있는 배를 얻기 위해 종자도 개량했다. 《박물지》라는 백과사전을 쓴 플리니우스는 로마시대에만 배 종자가 38종이나 되었다고 했다.

배 종자는 중세와 르네상스를 지나 17세기 때는 209종이 되었다. 19세기에는 850종이 넘었다. 하지만 모든 종자의 배가 맛있었던 건 아니다. 전문가들은 사람들이 즐겨 먹던 건 겨우 25~30종뿐이었다고 말한다. 그중에서 가장 유명한 건 미국에서 개량된 '바틀릿'이다.

미국 매사추세츠주에 사는 바틀릿이라는 사람이 개량한 종자인데, 오늘도 미국에서 생산된 배는 10개 중 7개가 바틀릿이다. 우리에게는 서양배로 알려져 있다.

미국에서 개량된 배 바틀릿(Bartlett)

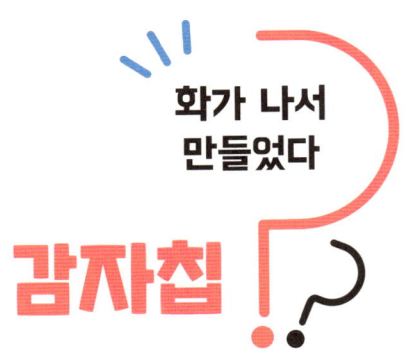

화가 나서 만들었다
감자칩?

"감자튀김이 왜 이렇게 두꺼운 거요?"
손님이 화를 냈다.
"마음에 들지 않으신다면 다시 해 드리겠습니다."
주방장은 접시를 도로 가져갔다. 잠시 후 다시 만든 감자튀김을 가지고 왔다.
"아까보다 얇게 만들었습니다. 어떠신가요?"
하지만 손님은 여전히 고개를 절레절레 흔들었다.
주방장은 말없이 접시를 주방으로 가져갔고, 다시 새 감자튀김을 만들었다. 하지만 손님은 새로운 감자튀김도 굵다고 불평했다.
네 번씩이나 퇴짜를 맞자 주방장은 화가 났다. 하지만 손님에게 대놓고 화를 낼 수도 없었다.

'어디 골탕 좀 먹어 봐라.'

주방장은 감자가 투명해 보일 정도로 얇게 잘랐고, 연한 갈색이 날 정도로 바삭하게 튀겼다. 포크로 찍어서는 먹을 수 없게 만든 것이다.

주방장은 새 감자튀김을 손님에게 내놓고 손님이 약 오르기를 기다렸다. 그런데 이게 웬일이지? 아무렇지도 않게 손으로 집어 먹은 손님이 활짝 웃었다.

"오! 이거요, 이거! 너무 맛있군요. 한 접시 더 주시오."

손님은 엄지까지 치켜세우며 좋아했다. 그러자 옆 테이블 손님이 말했다.

"내게도 저걸 주시오."

"오, 나도 시키겠소."

"우리도 하나 주시오."

"우리도!"

그날 그 호텔의 식당에서는 새로운 감자튀김이 가장 많이 팔렸다.

1853년, 미국의 뉴욕주 새러토가스프링스라는 도시에서 있었던 일이다. 이날 의도치 않게 새로운 감자튀김을 만든 사람은 '문 레이

호텔 주방장 조지 헨리 크럼(왼쪽)과 까다로운 손님 코닐리어스 밴더빌트

크 로지 리조트'라고 하는 호텔의 주방장인 조지 헨리 크럼이고, 조지의 감자튀김에 네 번이나 퇴짜를 놓은 손님은 '미국의 철도왕'이라고도 불린 금융업자 코닐리어스 밴더빌트였다.

그날 이후 코닐리어스는 자신이 먹은 새로운 감자튀김을 주변 사람들에게 자랑하고 다녔고, 덕분에 호텔의 식당은 새로운 감자튀김을 찾는 사람들로 북적였다.

조지는 홧김에 만든 감자튀김이 사람들 입맛을 사로잡았다는 것을 깨달았다. 그래서 메뉴판에 올리고, 포장해서 팔기도 했다. 나중에는 새로운 감자튀김을 전문으로 파는 식당을 열기까지 했다.

1890년대의 문 레이크 로지 리조트의 모습

조지는 자신이 개발한 새 감자튀김에 이름도 붙였다. 동네의 이름을 따서 '새러토가칩(Saratoga-Chips)'이라고 했다. 하지만 사람들은 바삭바삭하다는 의미로 '크런치(crunches)'를 붙여 감자크런치, 포테이토크런치로 더 많이 불렀다. 그러다 두 이름이 마구 섞여 사용되다가 마침내 포테이토칩, 즉 감자칩이 되었다. 무엇으로 부르든 얇은 감자칩의 인기는 미국 전역으로 퍼져 나갔다. 그래서 1920년대 감자껍질 벗기는 기계가 발명되자 공장에서 대량으로 생산하기 시작했다.

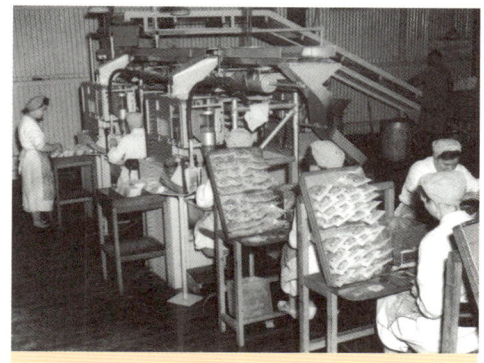
1960년대 미국 감자칩 공장

오늘 우리가 먹는 소금이 뿌려진 얇디얇은 감자칩은 1960년 제조업자 골든 원더라는 영국 사람이 최초로 만들었다. 양파맛 감자칩이나 치즈맛 감자칩도 모두 이 사람의 작품이다. 골든은 '골든 원더'라는 회사를 세웠고, 지금도 다양한 맛의 감자칩을 생산하고 있다. 하지만 정작 감자칩을 처음 만들었던 조지는 특허를 받지 않아서 큰돈은 벌지 못했다.

새러토가칩 포장상자

"이번에 들어온 게 흰색인가요?"

"아니요, 자주색이에요. 동양에서 왔거든요. 지난번 히말라야 쪽에서 온 게 흰색이었죠."

"오렌지색도 팔던데, 그건 어디에서 온 거죠?"

"아, 주황색은 네덜란드에서 만든 거래요."

"만들어요?"

"동양의 자주색이랑 서양의 흰색을 섞어서 만들었다더라고요. 네덜란드는 그런 걸 잘하는 것 같아요. 터키가 고향인 튤립도 네덜란드에서 더 예쁘고 다양하게 만들었잖아요."

"신기하네요."

"그러게 말이에요. 오렌지색을 먹어 봤는데 흰색이나 자주

> 색보다 더 달고 맛있더라고요. 그래서인지 요즘 오렌지색이 더 많이 팔려요."
> "아, 그래요. 그럼 저도 오렌지색으로 사야 할까 봐요."

흰색과 자주색을 섞어 오렌지색을 만들었다? 물감을 말하나 싶겠지만 시장에서 어떤 것에 대해서 상인과 손님이 나눈 대화다. 바로 당근이다.

오늘 우리가 먹는 당근은 주황색, 오렌지색과 비슷하다. 그래서 당근의 색을 당근색이라고도 한다. 하지만 17세기 이전까지는 당근색 당근은 흔하지 않았다. 또 지금처럼 한 가지 색도 아니었다. 흰색, 자주색 말고도 빨강, 노랑, 보라, 갈색, 심지어 검정 당근도 있었다.

오렌지색 당근, 바로 당근색 당근이 세상에 처음 등장한 건 1621년이었다. 더 달고 병충해에 더 강

서로마제국 율리아나 아니기아 공주에게 바쳐진 식물도감에 있는 당근

네덜란드는 80년 독립전쟁으로 고단한 생활을 했다.

한 당근을 만들고 싶었던 네덜란드 원예학자들이 거듭거듭 연구해 만들어 낸 것이다. 이때부터 네덜란드 농민들은 오렌지색 당근을 주로 재배했다. 그러다 보니 흰색·검은색·자주색 당근은 시장에서 사라졌고, 오직 오렌지 빛깔의 당근만 살아남았다.

그런데 네덜란드 농민들이 오렌지색 당근만 심고 키운 건 맛보다 더 중요한 이유가 있었다. 그것은 네덜란드 독립영웅에 대한 존경심 때문이었다. 오래전 네덜란드는 에스파냐의 식민지였다. 그러다 1648년에 독립했다. 하지만 독립을 위해 네덜란드는 80년이나 전쟁을 해야 했다. 이때 오라녜 공작이라고도 하는 빌럼 1세가 있었다.

그는 에스파냐와 에스파냐가 지지하는 가톨릭에 대항하며 독립전쟁의 첫걸음을 내디딘 사람이다.

그런데 빌럼 1세는 프랑스 남부에 있는 오랑주의 공작이기도 했다. 오랑주는 프랑스 말로 'Orange'로 쓴다. 그런데 이를 영어로 읽으면 오렌지가 되고, 또 네덜란드어로 읽으면 '오라녜'가 된다. 이 때문에 빌럼 1세를 오랑주공, 오렌지공, 오라녜공이라 부르는 것이다. 게다가 빌럼 1세 가문의 깃발이 오렌지색이었다. 오랑주 지역의 특산품이 오렌지였기 때문이다. 빌럼 1세는 전투할 때 오렌지색 깃발을 보란 듯이 휘두르고 다녔다. 그래서 빌럼 1세 하면 오렌지색을 떠올리게 되었다.

훗날 전쟁이 끝나고 네덜란드 사람들은 오렌지색을 네덜란드의 상징색으로 삼았다. 독립의 길을 열어 준 빌럼 1세를 기리기 위해서였다. 그래서 지금도 축구, 하키 등 네덜란드 국가대표팀이 입는 유니폼의 색깔은 오렌지색이다. 우리의 붉은 악마와 같은 네덜란드의 축구응원단이 입는 옷의 색도 오렌지색이다.

네덜란드 독립영웅 빌럼 1세 판 오라녜

네덜란드 독립을 인정한 '베스트팔렌조약'

독립 후 네덜란드는 무역과 은행업으로 부자 나라가 됐다. 그리고 그 돈을 종자, 즉 식물의 씨앗을 개량하는 데 썼다. 그 덕분에 우리는 다양한 색깔의 튤립을 보게 되었고, 시큼한 산딸기 대신 크고 달콤한 딸기를 먹을 수 있게 되었다. 당근색 당근도 이런 기술 덕분에 태어났다. 하지만 오렌지공이 조금 덜 유명했다면? 그래서 덜 존경받았다면? 어쩌면 우리 식탁 위의 당근은 당근색이 아닐지도 모른다.

인스턴트라면과 컵라면

밥보다 빵보다 라면

"허, 이번에도 실패네. 이제 어디로 가야 하지?"

안도 모모후쿠는 은행을 나오며 힘없이 중얼거렸다. 며칠 동안 은행을 돌아다녔다. 하지만 자신에게 돈을 빌려준다는 곳은 없었다.

"이대로 있다가는 여지껏 키워 놓은 회사가 망하고 말 텐데, 어쩌면 좋지?"

한참을 터덜터덜 걷던 안도는 문득 배를 만졌다. 꼬르륵, 배꼽시계가 울리고 있었다.

"하긴, 아침부터 아무것도 먹지 못했구나. 저기에서 뭐라도 먹어야겠다."

안도는 포장마차들이 늘어선 골목 안으로 들어갔다. 그런데 사람들이 길게 줄을 서 있었다. 이상하게 여긴 안도가 줄 맨 끝에 서 있는 사람에게 물었다.

"죄송한데요, 왜 줄을 서 계신 거예요?"

"라멘 먹으려고요. 저쪽 끝집 라멘이 맛있거든요. 모두 다 그 집에 줄 선 거예요."

"얼마나 더 기다려야 할까요?"

"글쎄요. 라멘이 오래 끓이는 음식이다 보니 한 시간은 더 기다려야 할 것 같아요."

"헉, 그렇게나 오래요?"

"맛있는 걸 먹으려면 어쩔 수 없죠."

하지만 안도는 그렇게 생각하지 않았다.

'시간낭비가 아닐 수 없군. 시간은 돈인데 말이야.'

안도는 다른 곳으로 가기 위해 발을 돌렸다.

'그나저나 간편하면서 빠르게 먹을 수 있는 라멘이 있다면 좋을 텐데……'

순간 안도는 정신이 번쩍 들었습니다.

'그래! 간편하고 빠르게 먹을 수 있는 라멘, 그걸 만들어 보자.'

제2차 세계대전(1939~1945년)이 끝났을 때 안도 모모후쿠(1910~2007년)는 일본에서 살고 있었다. 그는 1948년 서른 살에 닛

신식품이라는 식품회사를 차렸다. 하지만 전쟁에서 패배한 일본에서 회사를 꾸려가는 건 쉽지 않았다. 그런 차에 그는 '간편하게, 빠르게' 먹을 수 있는 라멘을 개발하겠다는 목표를 가지고 연구를 시작했다. 그리고 10년 만인 1958년 마침내 최초의 인스턴트라멘을 만들어 냈다. 우리가 즐겨 먹는 인스턴트라면이 탄생한 것이다.

라멘(ラーメン, Ramen)은 면과 국물로 이루어진 일종의 대중음식이다. 원래는 중국음식이었다. 라멘이라는 이름도 중국의 '라멘(拉面)'이 일본식으로 변한 것이다. 그 뜻은 '손으로 쳐서 만든 면'이다.

중국 라멘의 하나인 우육탕면

우리나라 잔치국수는 멸치를 우려낸 맑은 국물에다 얇은 면을 삶아 내어 말아 먹는다. 반면 일본의 라멘은 진한 고깃국물과 손으로 반죽하여 만든 좀 굵은 면이 특징이다. 우리 식으로 말하자면 설렁탕이나 곰탕, 또는 순댓국에 칼국수면을 넣었달까? 그러다 보니 국물을 만들거나 면을 삶으려면 시간이 오래 걸릴 수밖에 없었다. 그런데 전쟁이 끝나고 폭격을 맞아 쑥대밭이 된 도시와 마을을 다시 세우려면 시간을 아껴 써야 했다. 그래서 사람들은 라멘이 먹고 싶으면 집에서 만들어 먹는 대신 가게에서 사 먹었다.

안도 모모후쿠는 자기 집 뒤뜰에 작은 창고를 마련하고 연구를 시작했다. 시간을 아낄 수 있는 간편한 라멘을 만들겠다는 목표뿐이었다. 하지만 문제가 있었다. 빨리 먹기 위해서는 면이 익은 것이어야 했다. 그런데 면은 물에 넣고 삶아야 익는다. 결국 익은 면이란 물에 젖은 면일 수밖에 없었다.

"젖은 면을 어떻게 말려야 부패하지 않고
끓였을 때 원래의 부드러운 상태로 복원될까?"

문제를 해결하기 위해 연구를 거듭했지만, 답을 찾지 못했다. 그러던 어느 날 아내가 튀김을 만드는 것을 보고 번쩍 아이디어를 떠올렸다. 면을 기름에 튀겨 말리는 방법을 생각해 낸 것이다. 이런 방법을 '순간 유열건조법'이라고 한다.

최초의 인스턴트라면

최초의 컵라면

이 방법은 익은 면을 오래 보관할 수 있게 해 주었고, 물을 부었을 때 부드러운 상태로 돌아가게 해 주었다. 그는 이 방법을 공장에 적용해 세계 최초 인스턴트라면, '치킨라멘'을 세상에 내놓았다. 또 1971년에는 그릇에 담긴 라면, 바로 컵라면을 개발해 사람들의 입맛을 사로잡았다.

그러면 우리나라 최초의 라면은 무엇일까? 바로 치킨라멘이 탄생한 지 5년 뒤인 1963년에 나온 '삼양라면'이다. 봉지 겉면만 보면 일본의 치킨라멘과 구별이 되지 않을 정도인데, 이는 일본의 기술을 그대로 받아들였기 때문이다. 하지만 처음에는 인기가 없었다고 한다. 우동이나 잔치국수에 익숙한 우리나라 사람들의 입맛에는 라면의 기름진 면발이 익숙하지 않았기 때문이다. 그래서 라면 국물에 우리의 국수를 삶아 넣어 먹는 집이 많았다고 한다.

우리나라 최초의 인스턴트라면, 삼양라면

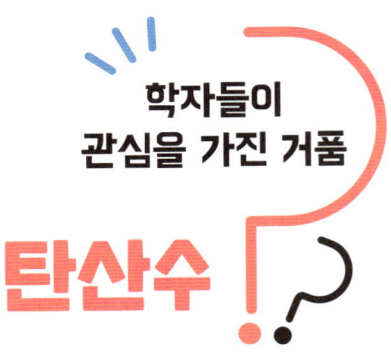

학자들이 관심을 가진 거품
탄산수?

　독일 하멜른 근교의 작은 도시 바트피르몬트에 사람들이 모였다. 그들은 지하수가 퐁퐁 솟아나고 있는 샘을 가운데 두고 둘러 있었다.

　"땅속 바위 사이에 흐르는 물이 솟아나는 모양인데……."

　"맞아. 그런데 이상하지 않나?"

　"그러게나 말이야. 물속에 작은 공기방울이 끊임없이 올라오고 있군."

　"맛이 괜찮을까? 먹어 볼까?"

　한 사람이 용기를 내 물을 입에 머금었다. 그러고는 눈만 커다랗게 뜰 뿐 잠시 말을 하지 않았다.

　"어떤가? 이상한가? 못 먹겠어?"

지켜보던 사람이 참지 못하고 물었다.
"캬!"
물을 마신 사람이 마침내 입을 떼고 호들갑스레 말했다.
"그냥 물보다 상쾌해. 정신이 번쩍 나는 맛이야. 달지는 않지만 톡 하고 쏘는 것이 마치 샴페인 같아."

먹는 샘물은 크게 두 가지로 구분된다. 식감이 부드러운 '일반 생수'와 톡 쏘는 청량감이 매력적인 '탄산수'다. 탄산수는 다시 천연 탄산수와 인공 탄산수로 나뉜다. 천연 탄산수는 자연에서 만들어진

바트피르몬트 온천으로 가는 산책길(1780년경)

것이고, 인공 탄산수는 인간이 만들어 낸 것이다. 1700년대 바트피르몬트 사람들이 경험한 톡 쏘는 맛의 물은 바로 천연 탄산수였다.

조지프 프리스틀리

톡 쏘고 뽀글뽀글 거품이 올라오는 물에 관한 관심이 커지자 학자들이 바트피르몬트로 모여들었다. 19세기에 와서는 영국의 런던왕립협회도 바트피르몬트의 물에 관심을 두고 연구하기 시작했다. 그중에는 산소를 발견한 화학자 조지프 프리스틀리(1733~1804년)도 있었다.

조지프 프리스틀리는 '여러 종류의 공기'에 대한 연구를 한 사람이다. 특히 술을 만드는 양조장 근처에 살면서 술을 만들 때 거품이 일어나는 것을 보고 이산화탄소, 즉 CO_2를 발견해 냈다. 그리고 물에 이산화탄소가 녹는다는 것도 알게 되었다. 이런 연구를 바탕으로 그는 물에 이산화탄소를 녹이는 기계를 발명해 최초의 인공 탄산수를 만들었다.

프리스틀리는 1772년에 <고정된 공기로 물에 활기를 되찾게 하는 법>이라는 보고서도 발표했다. 실제 그는 탄산수가 사람의 몸을 활

코플리 메달(Copley Medal)

기차게 만든다고 생각했고, 괴혈병을 치료할 수 있다고 생각했다. 그의 보고서는 1773년에 최우수로 뽑혔다. 그 결과 프리스틀리는 최고의 과학자만이 받을 수 있다는 '코플리 메달'을 받았다.

물론 시간이 흘러 탄산수가 괴혈병을 치료할 수 없다는 것이 밝혀지기는 했다. 괴혈병은 잇몸이 붓고 피가 나며 상처가 잘 낫지 않는 병인데, 비타민C가 부족했을 때 생긴다. 하지만 프리스틀리가 살았던 시대에는 이 사실을 몰랐고, 그래서 배를 오래 타는 선원들이 괴혈병 때문에 많이 죽었다. 신선한 채소와 과일을 먹지 못해 비타민C가 부족했기 때문이다. 비록 괴혈병을 고치지는 못했지만, 우리는 프리스틀리의 연구 덕분에 인공 탄산수를 마실 수 있게 되었다.

최근 연구에 따르면 탄산수가 위장을 자극해서 소화를 잘되게 해 주고, 변비에도 효과가 있다고 한다. 탄산수 속의 물과 이산화탄소가 반응해 입속을 자극해서 기분을 좋게 만든다고도 한다. 하지만 탄산수를 너무 많이 마시면 안 된다. 위를 지나치게 자극해서 오히려 위에 병을 일으키기 때문이다. 뭐든 적당하게 먹는 게 좋다는 말이다.

1927년 유명 탄산수 회사 '페리에'의 공장

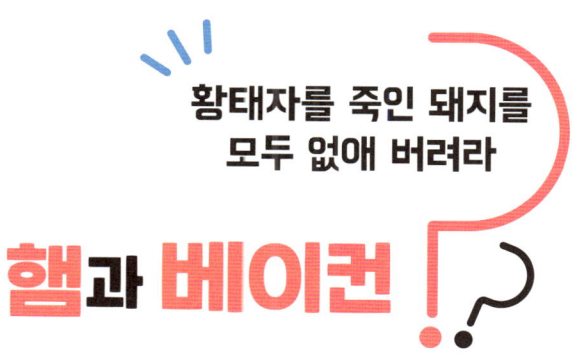

황태자를 죽인 돼지를 모두 없애 버려라
햄과 베이컨

"꿀꿀~ 꿀꿀~"

암퇘지 한 마리가 프랑스 파리 시내를 보란 듯이 돌아다니고 있었다. 사람들은 돼지가 돌아다녀도 별로 신경 쓰지 않았다. 그런데 저 멀리서 사람을 태운 말이 돼지 쪽으로 다가오고 있었다.

다그닥 다그닥, 다그닥 다그닥.

말발굽 소리가 다가올수록 암퇘지는 기분이 좋지 않았다. 마치 산책을 방해하는 것처럼 느껴졌다.

돼지는 심통이 나서 말을 향해 갑자기 달려들었다.

"히힝."

"어어, 으아아아악!"

돼지가 달려들 줄 몰랐던 말은 깜짝 놀랐고, 앞발을 쳐들었다. 그 바람에 말 위에 앉아 있던 사람이 땅 위로 곤두박질치고 말았다. 그리고 불행하게도 그 자리에서 숨을 거뒀다.

다음 날 아침, 파리 시내 곳곳에는 공고문이 붙었다.

> **〈공고〉**
>
> 오늘부터 파리 시내에서
> 돼지 키우는 것을 금지한다.
>
> - 프랑스 국왕 루이 6세 -

"이게 무슨 일이야? 돼지를 키우지 말라니? 그러면 음식쓰레기를 어떻게 처리하라고?"

"그런 불평하지 말게."

"왜?"

"어제 돼지 때문에 황태자가 죽었어. 지금 반대했다가는 잡혀갈지도 몰라."

"아이고, 이를 어째? 그럼 앞으로는 고기를 어떻게 먹지? 또 다른 지방의 고기는 오는 도중에 상하고 말 텐데……."

"그러게나 말이야. 걱정이네."

돼지 때문에 말에서 떨어져 죽은 필리프 황태자

1131년 돼지 때문에 황태자가 죽는 사고가 났다. 죽은 황태자는 프랑스 국왕 루이 6세의 아들인 필리프였다. 화가 난 루이 6세는 시내에서 돼지 키우는 것을 금지했다.

그때 유럽에는 목욕탕과 화장실이 없었다. 기독교 중심의 세계관이 고대로마가 이뤄 놓았던 목욕탕과 화장실 문화를 모두 없애 버렸기 때문이다. 그래서 소변과 대변을 거리에 마구 버렸다. 음식쓰레기도 함부로 버렸다. 대신에 돼지를 풀어 키웠다. 돼지는 지저분한 거리를 청소해 주는 도시의 청소부였다. 게다가 잘 자랐고, 고기도 맛있었다.

루이 6세

돼지와 함께 살던 중세 유럽

그런데 필리프 황태자가 죽은 일로 돼지를 키울 수 없게 되었다. 프랑스 파리 사람들은 걱정이었다. 돼지를 대신할 만한 청소부가 없었기 때문이다. 하지만 더 큰 걱정은 따로 있었다. 신선한 고기를 더 이상 먹지 못하게 된 것이다. 오늘날처럼 냉장고도 없었고, 고속버스나 기차도 없었다. 냉장고나 얼음 없이 마차를 타고 며칠씩 다른 지역에서 가져오다 보면 고기는 상할 게 분명했다. 그래서 기름이 적은 돼지 넓적다리 고기를 소금 항아리에 묻었다. 그러면 소금 때문에 고기 속 수분이 밖으로 빠져나오는데, 이를 삼투압이라고 한다. 수분이 없으면 썩지 않기 때문이다. 여기에 나무향이나 숯향을 입혀 맛있는 햄과 베이컨을 만들었다.

물론 기원전 1000년쯤 고대그리스 사람들도 소금에 절인 고기를 먹었다. 고대로마의 군인들도 먼 곳으로 전쟁을 하러 갈 때 전투식량으로 소금에 절인 고기를 가지고 갔다. 하지만 파리 사람들은 이런 고대 사람들의 절인 고기를 더 맛있게 개발해 오늘 우리가 먹는 햄과 베이컨을 만들어 낸 것이었다.

유럽을 정복했던 로마군단

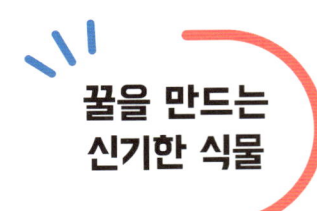

사탕수수와 설탕

먼 옛날 신과 인간이 함께 살 때였다.

공놀이를 좋아하는 쌍둥이 형제가 있었다. 형제는 날이면 날마다 공을 가지고 뛰어놀았다. 하지만 쿵쿵대는 공 소리에 지하세계의 신들이 화가 났다. 그래서 형제에게 올빼미를 보냈다.

"지하세계로 와서 우리랑 공놀이하자."

형제는 신나서 지하세계를 찾아갔다. 하지만 놀기는커녕 신들에게 죽고 말았다. 그리고 죽은 형의 머리를 나무 위에 걸어두었다.

얼마 후 한 여인이 그 곁을 지나가다 형의 머리가 뱉은 침에 맞았다. 그리고 아기를 갖게 되었다.

여인은 죽은 쌍둥이 형제의 집을 찾아가 쌍둥이, 우나푸와 스발란케를 낳았다. 이들도 공놀이를 좋아해서 매일같이 땅 위에 공을 튀기며 놀았다. 지하세계도 다시 시끄러워졌다.

"한동안 조용하더니 다시 시끄러워졌군. 시끄럽게 구는 자들을 당장 잡아 와라."

신들은 화가 나서 올빼미를 다시 땅 위로 보냈다.

"신들이 같이 공놀이를 하자 하신다. 지하세계로 가자."

형제가 올빼미를 따라가려 했다. 그러자 할머니가 말렸다.

"안 된다. 네 아버지와 삼촌도 공놀이한다고 지하로 갔다가 죽었는지 살았는지 지금껏 돌아오지 못했어."

"할머니, 우리 걱정은 하지 마세요. 앞마당에 사탕수수를 보고 있다가 잘 자라면 우리가 살았다고 생각하고 말라 버리면 우리가 죽은 줄 아세요."

형제는 지하세계로 가서 신들과 게임을 했다. 다리털을 뽑아 모기를 만들고, 나무인형으로 만든 가짜 신도 알아내고, 반딧불로 담뱃불도 만들고, 붉은 앵무새의 깃털로 횃불이 타고 있는 것처럼 보이게 만들면서 신들을 이겼다. 또 공놀이에서도 신들을 이겼다.

그러자 신들은 화가 났다.

"저놈들을 아예 죽여 버리자."

신들이 힘을 쓰자 형제는 불구덩이 속으로 뛰어들 수밖에 없었다. 신들은 죽은 쌍둥이의 뼈를 바다에 뿌렸다. 하지만 뼈는

바닥에 가라앉았다가 닷새 후에 물고기인간으로 변해서 신들의 눈을 피해 사라져 버렸다.

얼마 후 물고기인간이 된 형제는 허름한 차림으로 지하세계로 갔다. 그리고 꾀를 부려 지하세계 최고의 신을 죽였다. 그러자 나머지 신들은 모두 도망쳐 버렸다. 이렇게 아버지와 삼촌의 복수를 한 우나푸와 스발란케는 하늘로 올라갔다. 그리고 각각 태양과 달이 되었다.

한편 우나푸와 스발란케의 할머니는 앞마당에 심어둔 사탕수수가 말라 죽어가다가 다시 살아난 것을 보고 손자들이 건강하게 잘 있다고 안심하며 살았다.

마야문명의 쌍둥이 영웅 우나푸와 스발란케

오래전 멕시코와 과테말라 땅에서 마야문명을 일군 사람들은 우나푸와 스발란케가 하늘로 가 태양과 달이 되었다고 믿었다. 그런데 쌍둥이 영웅 신화에 사탕수수가 등장한다. 마야문명은 중앙아메리카에서 번영했던 문명이다. 기원전 2000년부터 마을을 이루고 농사를 지었다고 한다. 그런데 그들 신화에 사탕수수가 나온다는 것은 사탕수수가 기원전 2000년에도 있었다는 말이다. 그러나 이보다 더 오래된 기록이 있다. 기원전 3000년쯤 인도에서 사탕수수를 재배해서 설탕을 만들었다는 것이다. 마야보다는 나중이지만 기원전 800년쯤에는 힌두교 경전에 사탕수수의 순으로 왕관을 만들었다는 기록도 있다.

마야문명의 태양신과 태양달력

"당신의 머리에 사탕수수 순으로 관을 씌어 드리오니
나를 버리지 마소서."

기록만 본다면 인도가 먼저 사탕수수로 만든 설탕을 먹었다고 볼 수 있다. 그래서인지 설탕을 의미하는 영어 '슈거(sugar)'도 인도의 고대어 산스크리트어에서 시작되었다. 산스크리트어에서 설탕은

'사카라'였고, 이것이 그리스로 가서 '사카론'이 되었고, 다시 이탈리아로 가서 '수케로'가 되었으며, 프랑스로 가서 '쉬크르'가 되었다가 영어의 '슈거'가 되었다.

그런데 대다수 사람은 사탕수수가 처음 살았던 곳을 중앙아메리카로 생각한다. 오늘날 그곳에서 많이 생산되기 때문이다. 하지만 진짜 고향은 남아시아와 동남아시아다. 700년쯤에 아랍의 상인들이 에스파냐에 설탕을 가지고 오면서 많은 사람이 먹게 되었다. 그러다 유럽 사람들은 콜럼버스가 아메리카대륙을 발견하자 아메리카를 식민지로 만들었다. 그리고 그곳에 대규모로 사탕수수 농장을 만들었고, 원주민들을 강제로 농장에서 일하게 했다.

이때부터 설탕은 서인도제도 사탕수수 농장에서 만들어졌다. 이렇게 만들어진 설탕은 동인도회사라는 무역회사의 배를 타고 유럽으로 건너와 사람들을 사로잡았다.

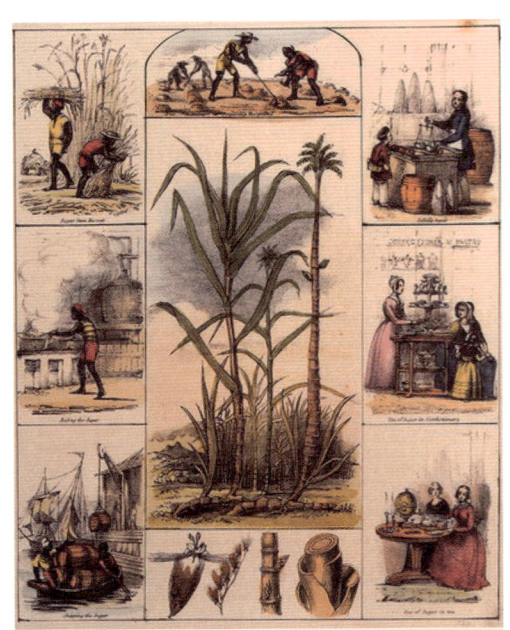
사탕수수를 이용하는 여섯 가지 방법
(19세기 석판화)

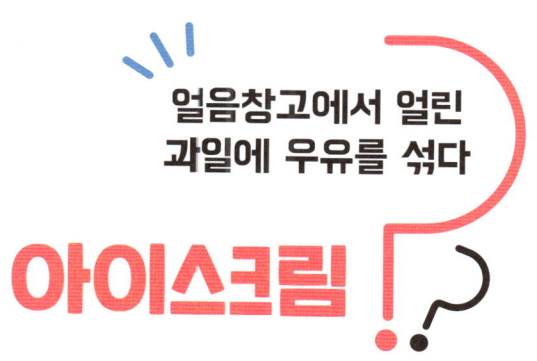

얼음창고에서 얼린 과일에 우유를 섞다

아이스크림

"빙과자, 빙과자!"

소란한 시장 한가운데에서 장사꾼이 큰 목소리로 외쳤다. 지나가던 외국인이 고개를 갸웃하며 물었다.

"빙과자? 여보쇼, 상인 양반. 빙과자라는 게 뭐요?"

"하, 빙과자를 몰라요? 하긴 서양인이면 모를 수도 있지. 빙과자는 얼음으로 만든 간식거리지요. 빙과자의 빙(氷)이 얼음을 뜻하거든요. 아주 시원하고 달콤하고 부드럽지요."

"달콤하고 부드럽다고요?"

외국인은 더욱 알 수 없다는 표정을 했다. 자기가 알고 있기로 얼음은 시원하기는 했지만 아무런 맛이 없었으니까.

"얼음에 꿀이라도 묻힌 거요?"

> "꿀뿐이겠소? 과일즙도 섞고 우유도 섞었지요. 그래서 목에 넘어갈 때 아주 달콤새콤하고 부드럽답니다. 자, 그러지 말고 하나 드셔 봐요. 또 우리 원나라에서만 먹을 수 있는 귀한 먹을거리니 절대 후회하지 않을 거요."

그날 중국 원나라 시장을 걷고 있던 외국인은 마르코 폴로다. 마르코 폴로(1254~1324년)는 이탈리아 사람으로 상인이자 탐험가였다. 그는 17년 동안이나 중국에서 살았고, 그때의 경험을 책으로 썼다. 그 책이 바로 우리에게 '동방견문록'으로 알려진 《밀리오네》다.

마르코 폴로가 간 중국은 원나라였다. 우리나라의 고려시대에 해당한다. 이때 그는 과일즙과 우유를 섞어 얼린 '빙과자'를 만났고, 만드는 방법을 유럽에 소개했다. 이후 이탈리아 피렌체의 과자 만드는 장인이 각종 향신료를 첨가했고, 또 조금 더 부드럽고 맛있는 아이스크림을 만들어 내는 기계도 개발했다. 이후 아이스크림은 지중해를 따라 유럽 곳곳으로 퍼져 나갔다.

마르코 폴로

얼음을 먹었다는 기록은 중국 원나라 이전에도 있었다. 3,000년 전 고대 중국인들은 눈과 얼음에 과일즙을 섞어 먹었고, 문명의 발상지 중 하나인 메소포타미아에서도 기원전 2000년 전부터 강가에 냉동창고를 지어 놓고 얼음을 보관했다. 페르시아에서는 기원전 400년 무렵에 장미 우린 물을 얼린 다음 빵 사이에 끼워 얼음 샌드위치를 만들어 먹었다고 한다.

이탈리아 아이스크림을 프랑스에 소개한 카트린 드 메디시스 왕비

기원전 4세기쯤에 세계정복에 나섰던 마케도니아의 왕 알렉산드로스 대왕도 인도를 정복할 때 부하들에게 꿀을 넣은 눈을 요구했다고 한다. 로마 시내를 불바다로 만든 로마제국의 폭군 네로 황제도 시원한 과일 음료수를 먹기 위해 노예들을 산꼭대기에 보내 눈과 얼음을 가져오게 했다. 하지만 이것들을 아이스크림으로 부르기는 어렵다. 우유를 섞지 않았기 때문이다. 게다가 아이스크림은 왕과 귀족들만이 먹을 수 있는 특별한 먹을거리였다. 냉장고가 없었기 때문에 얼음을 많이 만들 수 없었고, 아이스크림 만드는 방법도 비밀로 했기 때문이다.

<바빌로니아에 들어가는 알렉산드로스 대왕>(1665), 샤를 르 브룅

17세기 영국 왕 찰스 1세도 풍부한 크림이 들어간 달콤한 아이스크림을 좋아했는데, 자신만 먹고 싶어서 아이스크림 만드는 방법을 비밀로 하라고 명령했다. 하지만 찰스 1세가 죽은 후 주방장이 비밀로 했던 아이스크림 제조기술을 세상에 공개해 버렸다.

모두가 아이스크림을 먹을 수 있게 된 것은 19세기가 되어서다. 1851년에 우유로 만든 크림을 얼려 보관하는 방법을 발견한 제이콥 푸셀 덕분이었다. 이후 냉장고가 발명되면서 모두가 아이스크림을 즐길 수 있게 되었다.

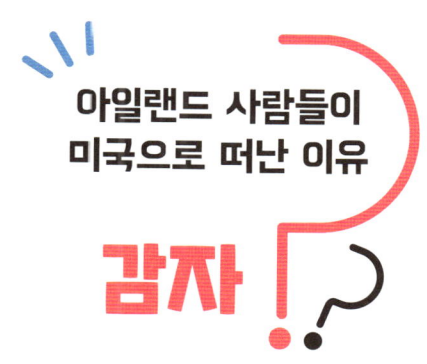

아일랜드 사람들이 미국으로 떠난 이유 감자!?

"오, 마이클!"

외로운 감옥 벽 너머에서 젊은 여인이 울먹였다.

"트레벨리언 백작의 창고에서 옥수수를 훔쳤다고 그들이 당신을 감옥에 넣어 버렸네요. 당신은 배고파 우는 우리 아이들 때문에 어쩔 수 없었던 것인데 말이에요. 아, 당신을 식민지로 태우고 갈 감옥선이 이미 항구에 와서 기다리고 있군요.

우리가 사랑을 속삭였던 아텐라이 들판에는 지금도 자그마한 새 한 마리가 자유롭게 하늘을 날고 있겠죠? 그때 우리는 그 날개 위에 사랑을 싣고 꿈을 키웠죠. 하지만 지금 아텐라이 들판에는 외로움과 고요만이 가득하군요."

"오, 메리!"

깜깜한 감옥 벽 안쪽에서 젊은 남자가 울먹였다.

"우리는 우리를 압박하는 영국의 왕과 귀족들, 그리고 굶주림에 맞서 싸웠어요. 하지만 그들이 나를 이렇게 사슬로 묶어 놓았군요. 이제 곧 나는 떠날 테지만, 당신은 조만간 풀려날 거예요. 그러니 약속해 줘요, 이곳에서 우리 아이들을 훌륭하게 키우겠다고요."

다음 날 여인은 항구 한쪽에 서 있었다. 여인의 눈은 수평선 너머로 아스라이 사라지고 있는 감옥선에 닿아 있었다. 그 배에는 죄인이 되어 강제로 식민지로 끌려가는 여인의 남편 마이클이 타고 있었다.

1800년대 중반 아일랜드를 묘사한 '아텐라이 평원'이라는 노래 속 이야기다. 노래 속의 젊은 부부는 감옥에 갇혀 벽을 사이에 두고 대화한다. 아내는 감옥선을 타고 식민지를 떠날 남편 때문에 슬프고, 남편은 굶주리는 아이들과 아내 때문에 슬프다. 이들이 굶주릴 수밖에 없었던 것은, 또 이들이 감옥에 가야 했던 것은 모두 다 감자 때문이었다.

아일랜드는 12세기 이전부터 영국의 지배를 받았다. 17~18세기에 들어서자 영국은 더욱 악랄해져서 밀과 옥수수 같은 곡식들을 모두 빼앗아 영국으로 가져가 버렸다. 농사를 아무리 열심히 지어도 아일랜드 사람들은 먹을 게 없었다. 그래서 당시 영국인이 먹지 않던 감자를 키워 먹었다.

남아메리카 원주민이 유럽 사람들에게 감자를 소개해 줬다.

감자의 고향은 남아메리카 페루다. 유럽에는 1565년에 처음 소개되었는데, 처음에는 인기가 없었다. "먹으면 지옥으로 떨어진다", "먹으면 몹쓸 병에 걸린다"는 소문도 돌았다. 울퉁불퉁 못생긴 데다가 잘랐을 때 검게 변하기 때문이었다. 또 땅속을 지옥으로 생각한 탓에 땅속에서 자라는 뿌리채소를 싫어했다. 그래서 감자를 '악마의 과일' 혹은 '가축들이나 먹는 것'으로 생각했다. 또 감자를 먹는 건 그것밖에는 먹을 게 없는 가난한 사람들뿐이었다.

영국에게 곡식을 빼앗긴 아일랜드 사람들도 감자 말고는 먹을 게 없었다. 게다가 감자는 키우기 쉬웠고, 먹으면 배도 불렀다. 그러다 보니 1840년대에는 아일랜드 사람들 100명 중 40명이 감자만 먹었다. 감자껍질을 좀 더 쉽게 벗기려고 남자들이 일부러 엄지손톱을

길게 기를 정도였다. 감자를 식량으로 본격적으로 이용한 것은 바로 아일랜드 사람인 셈이다.

그런데 1845년부터 3년 동안 유럽에 감자마름병이 유행했다. 이 병에 걸리면 이파리 끝과 줄기에 짙은 반점이 드러나고, 결국에는 시들시들 죽어 버린다. 또 그런 줄기에 달린 감자는 보관 중에 금방 썩어 버린다. 결국 먹을 수 있는 감자 양이 급격하게 줄었다. 병이 돌기 시작한 지 1년 만에 종자로 쓸 씨감자조차 구할 수 없게 되었다.

아일랜드 사람들은 굶주렸다. 엎친 데 덮친 격으로 허약해진 몸속으로 전염병이 파고들었다. 굶주림과 전염병으로 5년 동안 200만 명이 넘는 사람들이 죽었다. 이를 '아일랜드 대기근'이라고 한다. 여기에서 '기근'은 '식량이 모자라서 굶주리는 일'을 말한다. 많은 사람이 굶어 죽자 마을까지 사라졌다. 상황이 심각해지자 아일랜드 사람들은 영국 왕실에 도와달라고 요청했다. 하지만 그때 영국의 빅토리아 여왕은 이렇게 말했다.

"감자가 없으면 양들처럼 잔디를 뜯어 먹어."

'아텐라이 평원'이라는 노래의 마이클과 메리도 감자마저 없던 때 아일랜드에 살았던 평범한 사람들이다. 그들은 배가 고파서 자신들

<아일랜드 기근>(1850), 조지 프레데릭 와츠

<감자 먹는 사람들>(1885), 빈센트 반 고흐

의 곡식을 빼앗아간 영국인 백작의 창고에 들어갔다가 잡혀 감옥에 갇혔다. 백작은 재판도 하지 않고 마이클을 식민지였던 오스트레일리아로 보내 버린 것이다.

싸우는 것도, 훔치는 것도 힘든 사람들은 고향을 버리고 아메리카로 가는 이민선을 탔다. 그때 이민선을 탄 사람들이 130만 명이 넘는다. 하지만 그중 20만 명도 넘는 사람들이 배 안에서 굶거나 병에 걸려 죽었다. 무시당하던 감자를 처음 식량으로 삼은 사람들이 바로 그 감자 때문에 죽었고, 또 고향을 떠나야 했던 것이다.

오늘날 아일랜드에 가면 상점이나 식당, 술집 어디에서나 기부함을 볼 수 있다. 세계에서 기부를 많이 하는 나라 순위에서 아일랜드는 언제나 5위 안에 든다. 배고픔이 무엇인지 알기 때문이라고 한다.

저항하는 아일랜드 사람들을 가뒀던 킬마이넘 감옥(아일랜드 더블린)

130만 명이 넘는 아일랜드 사람들이 아메리카로 가는 이민선을 탔다.

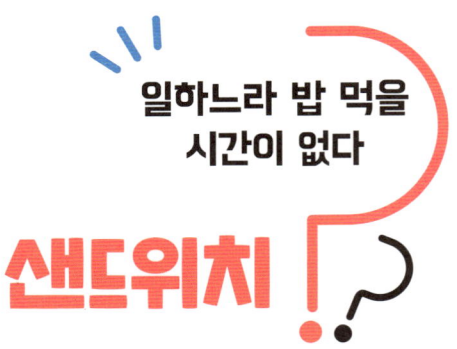

일하느라 밥 먹을 시간이 없다
샌드위치?!

백작은 한 손으로 뻑뻑한 눈을 비볐다.
'얼마나 됐지?'
얼마나 오래 앉아 있었는지 목도 뻣뻣했고, 허리도 쿡쿡 아팠다. 하지만 눈을 뗄 수가 없었다. 당장 처리해야 하는 서류가 너무 많았다.
똑똑!
누군가 사무실 문을 두드렸다.
"들어와."
하인이었다.
"저녁시간이 지났는데, 식사는 어떻게 하실 건가요?"
"시간이 벌써 그렇게 됐나?"

백작은 하인의 말을 듣는 둥 마는 둥 눈앞의 서류만 쳐다보았다. 하는 수 없이 하인이 다시 입을 열었다.

"간단하게 먹을 수 있는 것이라도 가져올까요?"

"그러는 게 좋겠군."

백작은 건성으로 대답했다.

하인은 돌아서며 생각했다.

'간단하게라지만 과자나 홍차는 안 돼. 그건 식사라고 할 수 없지. 또 칼과 포크로 먹는 고기는 번거로워하실 거야.

샌드위치 백작 존 몬테규

음. 어쩌지? 간단하게라……. 고기와 채소를 한꺼번에 먹을 수 있으면 좋을 텐데……. 아, 그래! 빵 사이에 채소하고 고기랑 치즈 좀 넣어 볼까? 그거라면 한 손으로 들고 먹기 편하고, 과자보다는 든든할 테지. 백작님도 마음에 드실 거야.'

존 몬테규(1718~1792년)는 영국 사람으로 뛰어난 정치인이자 뛰어난 군인이었다. 잉글랜드 켄트주 샌드위치를 영지로 가지고 있어서 샌드위치 백작이라고도 불렸다. 그런데 그는 한번 일에 빠지면 시간 가는 줄 몰랐다. 그래서 매번 식사를 제때 하지 못했다. 일이 많으면 먹는 둥 마는 둥 했다. 그래서 그의 하인이 그를 위해 간단한 먹을거리를 생각하게 되었다. 고민 끝에 생각해 낸 것이 간단하고 편하게 먹을 수 있으면서 고기와 채소가 모두 들어 있어 영양도 풍부한 빵이었다. 그 빵은 고기가 들어 있으나 포크나 칼이 필요 없었고, 한 손으로 집고 먹기에도 편했다.

몬테규에게는 안성맞춤이었지만, 처음 고기가 들어간 빵을 사람들에게 보여 주었을 때는 욕을 먹었다. 귀족들은 칼, 포크, 스푼으로만 음식을 먹어야 한다고 생각했기 때문이다. 하지만 소풍이나 기차여행을 할 때 먹을 수 있었기 때문에 차츰 인기를 끌게 되었고, 결국 고기가 들어간 빵은 샌드위치 가문의 이름을 따 샌드위치가 되었다.

한때 우리는 샌드위치 백작 존 몬테규가 도박에 빠졌다고 알고 있었다. 밥 먹는 시간까지 아끼면서 도박을 했고, 그래서 생각해 낸 것이 샌드위치라고 말이다. 하지만 진실이 아니다. 그런데도 이런 이야기가 퍼진 것은 토리당(현재의 보수당) 때문이었다. 몬테규가 지지했던 휘그당(현재의 자유당)이 몰락하자 토리당은 그의 이미지를 깎아내리려고 일부러 거짓말을 퍼뜨린 것이다.

이후 샌드위치는 영국 귀족사회에 빠르게 퍼져 나갔다. 특히 저녁 파티나 모임에서 먹는 요깃거리로 인기가 높았다. 또 일이 많을 때 회의를 하면서 먹기도 했다.

18~19세기 영국 남성들은 저녁에 모여 샌드위치 같은 가벼운 음식을 먹었다.

그런데 이런 형태의 빵은 고대로마에도 있었다. 로마 사람들은 점심과 저녁 사이에 '오풀라'를 먹었는데, 빵 사이에 다양한 재료를 넣은 것이었다. 기원전 1세기에 유대교의 현자 힐렐이 어린 양고기와 허브를 빵에 싸서 먹었다는 기록도 있다. 이보다 더 오래전인 기원전 2000년 소아시아에 살던 히타이트제국 병사들이 전쟁할 때 빵 사이에 고기를 넣어 먹었다는 기록도 있다. 하지만 이런 빵을 샌드위치라고 부른 건 샌드위치 백작 존 몬테규 때가 처음이었다.

1800년대 휘그당과 토리당의 줄다리기를 풍자한 삽화

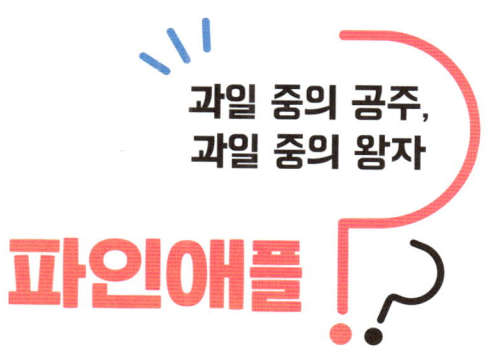

과일 중의 공주, 과일 중의 왕자 파인애플

"이번에 재배에 성공했다고?"

프랑스의 왕 루이 14세가 물었다.

"그러합니다. 베르사유 궁전 온실에서 재배해 봤는데 이번에 처음으로 열매를 얻었습니다."

정원사가 자랑스레 대답했다.

"그래? 그게 그렇게 맛있다지? 영국 왕실에서 그렇게 인기가 있다던데……."

"네, 무척 달콤해서 영국 찰스 2세가 두척 좋아한답니다. 어찌나 좋아했는지 자신의 초상화를 그릴 때 꽃 대신에 가져다가 놓았다고 하더군요."

"그 정도라니 무척 궁금하구나. 어서 가져와 봐라."

<정원사에게 파인애플을 받는 찰스 2세>(1675), 헨드릭 댄커츠

정원사가 따 놓았던 것을 쟁반에 받쳐 가져왔다.

"허, 신기하게도 생겼구나."

루이 14세는 그것을 신기한 듯 바라보았다. 그러다 갑자기 덥석 집고는 다짜고짜 입으로 가져갔다.

말릴 새도 없이 그는 껍질째 한입 크게 베어 물었다. 하지만 다음 순간 그는 소리를 지르며 화를 냈다.

"으악, 이게 뭐야?"

루이 14세는 베어 물었던 파인애플을 탁 뱉어 버렸다.

땅 위로 또르르 굴러가는 파인애플 조각에는 시뻘건 피가 흥건하게 묻어 있었다. 루이 14세 입에도 피가 주르륵 흐르고 있

<매튜 데커 경 정원의 파인애플>
(1720), 테오도루스 네츠허르

루이 14세

었다. 삐죽삐죽한 파인애플껍데기가 그의 입술과 입안에 상처를 낸 것이었다.

다음 날 루이 14세는 다음과 같은 법을 발표했다.

> 앞으로
> 프랑스에서는 파인애플을 재배할 수 없다.

파인애플을 가장 처음 먹은 사람들은 남아메리카에 살던 인디언들이다. 문자로 남은 기록은 없지만, 그들은 1,000년 전부터 파인애플을 키워 먹었을 것이라고 한다.

1629년 존 파킨슨의 《태양의 낙원》에 실린 파인애플 그림

파인애플을 처음 기록한 사람은 프랑스 사람 장 드 레리(1536~1613년)다. 그는 탐험과 선교를 위해 1557년에 1년 동안 브라질을 여행했다. 그리고 그때의 경험을 《브라질 땅에서 일어난 항해 이야기》라는 책을 썼다. 그는 그 책에서 파인애플에 대해 이렇게 썼다.

신들이 모여 잔치를 할 때
틀림없이
파인애플을 먹었을 것이다.

1596년에는 영국의 군인이면서 탐험가였던 월터 롤리가 파인애플을 '과일 중의 공주'라고 추켜세우기도 했다. 하지만 서양인 중에서 파인애플을 가장 처음 본 사람은 아메리카대륙을 발견한 크리스

토퍼 콜럼버스였다. 콜럼버스가 처음 파인애플을 유럽 에스파냐로 가져왔을 때 사람들은 파인애플을 '피나(pinea)'라고 불렀다. 피나는 에스파냐어로 '솔방울'이다. 그때 유럽은 설탕을 중동과 아시아에서 수입하고 있었다. 사탕수수가 유럽대륙에서는 자라지 않았기 때문이다. 그래서 설탕이 항상 부족했는데, 파인애플은 설탕만큼이나 달콤해서 왕과 귀족들 사이에서 인기를 끌었다. '세상에서 가장 고귀한 과일'이라고까지 불렸다.

발데스의 《서인도제도의 역사》에 실린 최초의 파인애플 그림

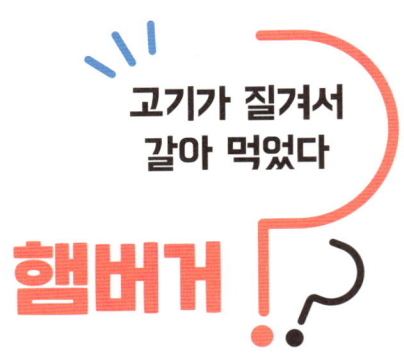

고기가 질겨서 갈아 먹었다
햄버거?

"스테이크가 질겨서 먹기 힘들군."
영주가 냅킨으로 입을 닦으며 투덜거렸다.
"보통 과일이나 채소로 고기를 부드럽게 하지 않나?"
영주가 묻자 주방장이 쩔쩔매며 대답했다.
"네, 과일도 쓰고, 칼끝으로 콕콕 칼집을 넣기도 합니다. 요리용 망치로 두들기기도 하고요. 이 스테이크도 칼집을 넣고 두들겨서 만들었습니다."
"그런데도 이렇게 질기단 말인가? 뭐가 문제지?"
"이번에 산 고기가 러시아 쪽에서 온 것인데, 아무래도 그쪽 고기가 다른 데 고기보다 질긴 모양입니다."
"고기가 그렇다니 뭐 어쩔 수 없군. 하지만 좀 더 소화가 잘

> 되게 부드럽고, 고기 풍미도 느낄 수 있었으면 좋겠네. 잘 연구해 보게."
>
> 주방장은 고민에 빠졌다.
>
> '독일 스테이크는 러시아의 타타르 스테이크를 본떠서 만든 것이지. 그래서 타타르 스테이크처럼 두들겨서 만들고. 하지만 고기가 질이 나쁘면 아무리 두들겨도 부드러워지지 않아. 아, 어떻게 해야 하지?'
>
> 주방장은 요리용 망치로 고기를 두들기면서 생각에 잠겼다. 그러다 문득 도마 위를 보았다. 너무 두들겨서 마치 간 것처럼 뭉개진 고기가 보였다.
>
> '질긴 게 문제라면 아예 갈아서 익혀 볼까?'

맥도날드나 버거킹으로 유명한 햄버거는 잘게 간 고기를 양파와 함께 갈아 소금, 후추, 향신료 등을 섞어 동그랗고 납작하게 만든 패티를 빵 사이에 끼워 먹는 음식이다. 그러나 원래 햄버거는 칼과 포크로 잘라 먹는 요리였다. 독일 항구도시 함부르크 사람들도 그랬다. 그런데 러시아나 헝가리에서 소고기를 수입했는데, 이 고기가 스테이크로 먹기에는 질기고 맛이 없었다. 그래서 고기를 갈고 향신료를 넣어 모양을 만든 다음 생으로 먹거나 익혀 먹었다.

독일의 함부르크 스테이크

고기를 갈아 먹은 건 3,000년 전 이집트에서 시작되었다. 하지만 이것을 햄버거로 보기는 어렵다. 이때는 단순하게 고기를 갈아 요리에 넣었다. 그러다 13세기에 동양의 몽골제국이 유럽에 쳐들어왔다.

칭기즈 칸이 이끄는 몽골제국의 기마병은 유럽까지 올 때 식량으로 양고기와 말고기를 가져왔다. 하지만 상하지 않게 하려고 말린 다음 납작하게 만들어 말과 안장 사이에 넣었다. 그러면 말을 타는 동안 사람의 몸무게 때문에 고기가 눌리고 으깨지면서 저절로 부드러워졌다. 이런 몽골의 고기 먹는 방식은 1238년에 몽골제국이 러시아 모스크바를 점령했을 때 러시아 남동부에 사는 타타르족에게 전해졌고, 타타르족은 여기서 더 나아가 고기를 간 다음에 양파와 달걀을 넣고 양념해 모양을 만들어 먹었다. 이것을 타타르 스테이크라고 한다. 그러다 항구도시 함부르크에 타타르 스테이크가 전해졌고, 독

러시아의 타타르 스테이크

일 영주의 주방장이 생으로 먹던 타타르 스테이크를 익혀 먹게 하면서 인기를 끌게 되었다. 함부르크 스테이크는 선원들을 통해 다시 미국으로 건너갔다. 함부르크에는 많은 미국 배들이 오갔는데, 독일인들은 이 배를 타고 미국으로 건너갔다. 함부르크 스테이크도 이들과 함께 1880년대에 대서양을 건넜다. 그리고 뉴욕의 레스토랑에서

《러시아 민족학》에 실린 타타르족에 대한 삽화(1862)

1904년 세인트루이스 만국박람회 행사장 안내도

햄버그스테이크라는 이름으로 팔렸다. 함부르크를 영어식으로 발음하면 햄버그가 되기 때문이다.

오늘의 햄버거처럼 빵과 함께 먹게 된 것은 미국에서였다. 1885년 위스콘신주에서 열린 박람회에서 처음 만들어 팔았다고도 하고, 1891년 오클라호마에서 독립기념일에 처음 만들어 이웃과 나눠 먹었다고도 한다. 하지만 미국 사람 모두가 햄버거를 알게 된 건 1904년에 열린 '세인트루이스 만국박람회'부터였다. 그리고 1954년에 탄생한 '맥도널드'는 햄버거를 미국을 상징하는 음식으로 만들었다.

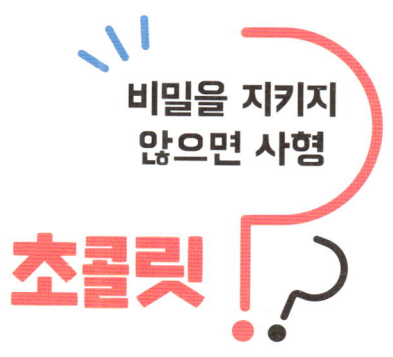

비밀을 지키지 않으면 사형, 초콜릿?

　1520년 아스테카제국의 수도 테노치티틀란에 무기를 든 에스파냐 사람들이 들이닥쳤다. 평범한 사람들이 아니라 모두 전투 병사들이었다. 그들을 이끄는 이는 에르난 코르테스라고 하는 에스파냐 사람이었다.
　"어서 오라, 에스파냐 국왕의 사절단이여! 아스테카제국은 평화를 위해 찾아온 그대들을 환영한다."
　아스테카제국의 제9대 황제 몬테수마 2세는 두 팔을 벌려 코르테스와 병사들을 환영했다. 그리고 선물로 귀하디귀한 카카오콩을 주었다. 코르테스가 이렇게 환영을 받은 건 테노치티틀란에 오기 전 황제에게 편지를 보냈기 때문이었다.

> 우리는 먼 나라 에스파냐의 국왕
> 카를로스 1세가 보낸 사절단입니다.
> 우리는 평화를 지키기 위해 왔습니다.

 그러나 테노치티틀란에 피 한 방울 흘리지 않고 들어온 코르테스는 사절단이 아니었다.
 "황제를 잡아 가둬라."
 테노치티틀란에 온 지 한 달이 되었을 때 코르테스는 황제를 감옥에 넣어 버렸다. 그 후 코르테스는 병사들을 이끌고 제국

에르난 코르테스

몬테수마 2세

> 을 집어삼켰다. 한때 인구 500만 명이나 되던 아스테카제국은 친구의 얼굴로 찾아온 이방인에게 멸망하고 말았다. 제국의 수도 테노치티틀란을 파괴한 코르테스는 황궁의 지하창고로 갔다. 그가 기대한 건 금이었다. 그러나 그곳에는 2만 개의 카카오콩만 산처럼 쌓여 있었다.

열매가 카카오콩인 카카오나무의 고향은 멕시코가 있는 중앙아메리카다. 3,000년 전 그곳에서 자라기 시작했다. 중앙아메리카 원주민들은 낙원의 정원지기인 날개 달린 뱀 케찰코아틀이 땅에 내려와 사람들에게 카카오나무를 주었다고 믿었다. 그래서 아이가 태어나면 선물로 주기도 하고, 성년식을 치를 때면 꽃잎을 넣은 빗물에 카카오 가루를 녹여 몸에 바르기도 했다. 사람이 죽으면 무덤 안에 카카오콩을 담는 그릇을 넣어 주기도 했다.

13세기에 제국을 건설한 아스텍 사람들은 카카오나무를 '카카후아틀'이라고 부르고, 카카오콩으로 만든 음료를 '소코아틀'이라고 불렀다. 특히 바닐라향을 넣은 카카오 음료는 황제와 귀족, 그리고 전사의 음료로 여겨졌다. 훗날 코르테스에게 대제국을 허무하게 빼앗긴 몬테수마 2세는 황제일 때 금으로 만든 잔으로 소코아틀을 하루 50잔씩 마셨다고 한다.

옥수수나 감자가 그랬듯 카카오도 콜럼 버스에 의해 유럽에 소개되었다. 유럽에 들어온 카카오 음료에는 설탕이 첨가되었고, 쌉싸름하고 달콤한 그 맛에 반한 아라곤왕국의 페란도 2세는 혼자만 그 맛을 즐기려고 카카오를 세상에 알리는 것을 법으로 금지했다. 이 때문에 카카오로 만든 음료, 코코아는 이후 100년 동안이나 왕과 귀족들만의 비밀이었다. 물론 다른 나라에도 알려지지 않았다.

페란도 2세

> 카카오를 세상에 알리면 사형에 처한다.

카카오가 유럽에 소개된 것은 100년도 훌쩍 지난 1660년이었다. 에스파냐 필리페 4세의 딸 마리아 테레사 공주가 프랑스 왕 루이 14세와 결혼했는데, 공주가 프랑스로 갈 때 즐겨 먹던 코코아와 초콜릿을 가지고 간 것이다. 오늘날 우리가 먹는 막대 형태의 딱딱한 초콜릿은 1847년 영국에서 탄생했다. 영국 제과기업 '프라이 앤 선즈'가 코코아로 만든 버터에 초콜릿 용액을 섞어 만들었다.

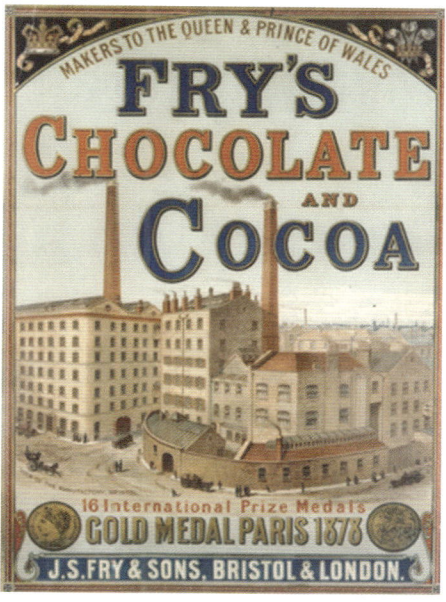

프라이 앤 선즈의 초콜릿 포장과 광고전단

신의 선물, 신의 음식 — 버섯?

"신께서 뭐라 하시더냐?"

아크리시오스가 신전의 사제에게 물었다. 그는 펠로폰네소스 반도에 있는 아르고스의 왕이었는데, 신의 예언, 즉 신탁을 들으려고 신전에 와 있었다.

"왕이시여, 신께서는……. 그게…….."

사제는 우물쭈물할 뿐 말하지 못했다. 신에게 무엇을 들었는지 진땀까지 삐질삐질 흘렸다. 아크리시오스는 왠지 불길하게 느껴져서 대답을 재촉했다.

"두려워하지 말고 어서 말하라."

"저……, 신께서 말씀하시기를 다나에 공주가 낳은 아들이 훗날 아르고스의 왕 아크리시오스를 죽인다고 합니다."

다나에는 아크리시오스의 딸이었다.

"내가 외손자 손에 죽는단 말이냐?"

"신께서 그렇게 말씀하셨습니다."

아크리시오스는 두려웠다. 그래서 명령을 내렸다.

"당장 다나에를 탑 꼭대기 방에 가둬라. 청동으로 만든 창살로 창문도 막아라. 아무도 만나지 못하게 해야 한다."

그날 이후 다나에는 영문도 모른 채 탑에 갇혔다.

그러던 어느 날, 창살 너머로 황금 비가 내리기 시작했다.

"어쩜 이렇게 아름다울까?"

다나에는 황금비를 손바닥에 모았다. 그러자 빗방울들이 스

기원전 450년경 도자기에 그려진 다나에와 황금비

르르 한데 뭉치더니 아름다운 남자로 변했다. 다나에는 첫눈에 반해 버렸다. 그 남자는 신들의 왕 제우스였다.

몇 달 후 아크리시오스는 다나에가 아이를 가졌다는 것을 알게 되었다. 하지만 손자를 죽일 수 없었다. 그래서 아이가 태어나자마자 나무상자에 넣어 바다에 띄워 보냈다.

훗날 아이는 페르세우스라는 이름으로 아르고스의 왕이 되었다. 그리고 자신이 외할아버지를 죽였다는 것을 알게 되었다. 결국 그는 아르고스를 버리고 대신 티린스의 왕이 되었다.

티린스의 왕이 된 페르세우스는 좋은 왕이었다. 신하들과 직접 도시를 순찰하면서 어려운 사람을 도왔다.

그런데 하루는 순찰하고 있는데 가지고 간 물이 다 떨어졌다. 목이 말랐지만, 근처에는 우물도 냇가도 없었다. 그런데 갑자기 뮈케스라는 버섯이 솟아올랐다.

"신께서 내 목마름을 아시고 보내 주신 모양이다."

페르세우스는 망설이지 않고 버섯을 먹었다. 그러자 타는 듯했던 갈증이 순식간에 사라졌다.

"이곳은 성스러운 곳이로구나. 여기에 도시에 건설하고, 도시 이름은 뮈케스 버섯에서 따서 미케네로 한다."

그날 찬란한 문명을 꽃피웠던 미케네문명이 시작되었다.

나무수액과 함께 화석이 된 고대 버섯

공룡시대의 버섯 화석

버섯은 곰팡이의 하나인 균에 의해 저 혼자 자손을 퍼뜨린다. 공기 중의 습도와 온도만 맞으면 잘 자란다. 아주 단순한 구조의 하등식물이라 할 수 있다. 구조나 형태가 단순할수록 오래되었듯 버섯의 나이도 1억 3,000만 살이 넘는다.

인류가 버섯을 처음 기록한 것은 적어도 5,000년 전으로 추측한다. 아프리카 북부 알제리 타실리나제르 고원에 있는 암벽에 그림을 새긴 것인데, 그것을 보면 몸에 버섯이 돋아난 주술사가 손에 여러 개의 버섯을 들고 있다. 버섯을 종교행사에 이용한 것으로 추측할 수 있다.

버섯을 든 주술사를 그린 타실리나제르 고원의 암벽화(오른쪽)와 선으로 표현한 그림

중국은 예로부터 버섯을 늙지 않게 해 주는 신의 음식으로 생각했다. 그래서 황제나 왕에게 바쳤다. 우리나라도 버섯을 귀한 것으로 생각했다. 고려의 학자 김부식이 쓴 《삼국사기》에는 영지버섯의 하나인 황지버섯을 신라 성덕왕에게 바쳤다는 기록이 있다.

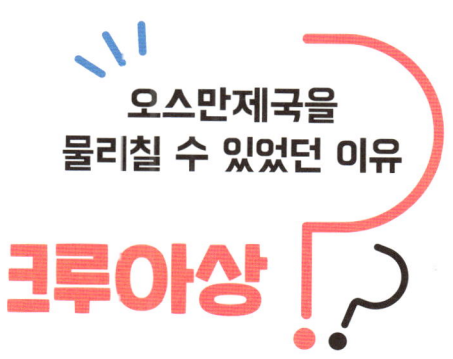

오스만제국을
물리칠 수 있었던 이유
크루아상?

16세기 초 오스만제국은 동유럽을 대부분 정복했다. 서유럽만 정복하면 유럽이 오스만제국의 발아래 무릎 꿇게 될 참이었다. 오스만제국은 서쪽으로 시선을 돌렸다. 그런데 그 길목에 신성로마제국이 있었다.

1529년 9월 마침내 신성로마제국의 수도 빈에 오스만제국의 군대가 쳐들어왔다. 하지만 비가 많이 오고, 식량공급이 잘되지 않아서 후퇴하고 말았다. 하지만 그들은 서유럽을 포기하지 않았다. 결국 1683년 7월 오스만제국의 술탄 메흐메트 4세가 15만 명의 대군을 이끌고 와 빈을 에워쌌다.

오스만제국 군대는 벽을 무너뜨리기 위해 두 가지 계획을 세웠다. 하나는 성벽 아래에 폭탄을 설치하는 것이었고, 또 다른 하나는 성벽 밑으로 땅굴을 파는 것이었다.

그러던 어느 날, 제빵사 피터가 지하실로 갔다. 성안의 병사들에게 줄 빵을 구우려고 밀가루를 가지러 간 참이었다.

그런데 문득 이상한 소리가 나고 있다는 것을 깨달았다. 피터는 숨을 죽이고 귀를 기울였다.

그 순간 오스만제국 말이 들려왔다. 피터의 등줄기로 식은땀이 주르륵 흘렀다. 오스만제국의 군대가 땅굴을 파 오고 있는 것이었다. 피터는 그길로 군대로 가 이 사실을 알렸고, 큰 화를 막을 수 있었다.

메흐메트 4세

전쟁이 끝난 후 신성로마제국 황제는 피터를 불렀다.

"피터 벤더, 큰 공을 세웠다. 원하는 것이 있으면 말해 보라."

"저는 초승달 모양 빵을 만들고 싶습니다."

"왜 초승달 모양이지?"

"초승달은 오스만제국이 귀하게 여기는 것입니다. 그러니 초승달 모양의 빵을 먹으면서 오스만제국을 물리친 것을 기념하고 싶습니다."

빈을 포위한 오스만제국의 군대를 그린 <1683년 빈 전투>(17세기)

"좋은 생각이구나. 그렇다면 초승달 모양의 빵을 오직 너만 만들어 팔 수 있도록 해 주겠다."

이렇게 빈에서 만들어진 초승달 모양의 빵은 100년쯤 후 프랑스에 전해졌다. 마리 앙투아네트 공주가 프랑스 루이 16세와 결혼할 때 프랑스로 가져간 것이다. 이때부터 이 빵은 크루아상으로 불리게 되었다. 크루아상(Croissant)은 프랑스어로 '초승달'이란 뜻이다. 이후 프랑스대혁명으로 왕실이 무너지자 왕실 요리사들이 일자리를 잃었다. 이들은 시내에 빵가게를 차려 크루아상을 팔기 시작했다. 이때부터 크루아상은 프랑스인 모두가 사랑하는 아침식사가 되었다.

마리 앙투아네트와 그녀의 아이들

한편 초승달은 오스만제국의 상징이었다. 이슬람교의 상징이었기 때문이다. 이슬람교를 창시한 예언자 무함마드가 알라신으로부터 최초의 계시를 받던 밤하늘에 초승달과 별이 나란히 떠 있었기 때문이라고 한다. 또 초승달은 깜깜한 그믐이 지나고 보름달로 향해 가는 달이다. 그래서 이슬람교에서는 초승달을 시작, 진리의 시작이라고 여긴다.

지금도 이슬람사원에서는 초승달, 별과 관련된 그림이나 장식을 흔하게 볼 수 있다. 싱가포르, 말레이시아, 터키처럼 이슬람교를 믿는 국가의 국기에도 초승달이 있다. 또 이슬람교에서는 초승달 모양으로 만든 음식을 먹는 것을 금지하고 있다.

싱가포르, 말레이시아, 터키 국기

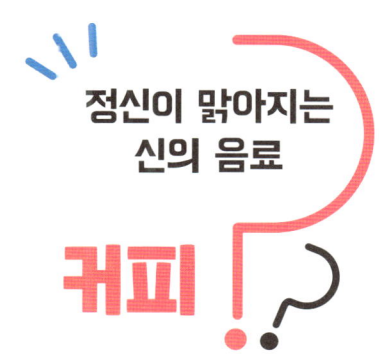

정신이 맑아지는
신의 음료

커피

목동 칼디는 그날도 염소를 데리고 들판으로 나갔다.

며칠째 비가 오지 않았다. 햇살은 뜨거웠고, 공기는 후덥지근했으며, 바람도 한 점 없었다.

"너무 더우니까 기운도 안 나네."

칼디는 손으로 부채질을 하며 염소들을 바라보았다. 염소들은 더러더러 주저앉아 숨을 헐떡이고 있었다.

"사람이나 염소나 더운 건 똑같구먼."

칼리는 내리쬐는 뜨거운 햇살을 조금이라도 피하고 싶었다. 그래서 나무그늘 아래로 들어갔다. 건조한 날씨 탓에 나무그늘 속은 그래도 견딜 만했다. 그러자 솔솔 졸음이 쏟아졌다.

"아……, 자면 안 되는데……."

칼디는 눈꺼풀이 무거워지는 것을 느꼈다.

얼마나 졸았을까?

"음매에, 음매……."

칼디는 깜짝 놀라 눈을 번쩍 떴다. 염소들이 요란하게 울어 대고 있었다.

"사자인가? 표범이 나타난 건가?"

칼디는 긴 나뭇가지를 들고 주위를 둘러보았다.

그런데 염소들이 이전과 달라져 있었다. 염소들은 칼디가 졸기 전에는 숨 쉬는 것도 귀찮다는 듯이 널브러져 있었다. 그런데 지금 염소들은 초롱초롱 두 눈을 빛내며 활발하게 놀고 있었다. 어떤 염소는 흥분해서 콧김을 뿜어내기도 했다.

칼디와 춤추는 염소들(19세기 프랑스 삽화)

햇살이 뜨거운 것도, 바람 한 점 없는 것도 똑같았다. 다른 게 있다면 염소들이 잎사귀가 무성한 나무의 열매를 따 먹었다는 것뿐이었다.

칼디는 호기심에 그 열매를 먹어 보았다.

"어! 머리가 맑아지는 것 같은데?"

칼디는 그 열매를 수도원의 수도사들에게 가져갔다.

"이걸 먹으니까 머리가 맑아지더라고요."

칼디가 신나게 말했다. 그러나 수도사들의 생각은 달랐다.

"악마의 열매일 수도 있다."

그러면서 열매들을 불 속에 확 던져 넣어 버렸다. 그러자 열매가 불에 타면서 향기로운 냄새가 퍼지기 시작했다.

"향이 좋은데 한번 먹어 볼까?"

수도사들 중 몇몇이 열매를 먹었고, 그날 밤 잠을 자지 못했다. 그날 이후 수도사들은 기도할 때 졸지 않으려고 이 열매를 찾아 먹었다.

칼디는 570년쯤 아프리카 북동쪽 이집트 남쪽에 있던 고대왕국 아비시니아(오늘날 에티오피아) 사람이다. 그가 살던 곳에서 자라던 커피나무는 상인들을 따라 남부 아라비아로 갔다. 그리고 오스만제국 사람들을 사로잡았다. 그 다음에는 유럽 여행자들에 의해 유럽에

1600년경 오스만제국의 수출항구, 모카

알려졌다. 특히 이탈리아는 커피에 완전히 반해 버렸다. 그래서 지중해무역을 통해 많은 커피를 수입했다. 그러자 오스만제국은 커피를 모카 항구에서만 수출하게 했다. 커피가 너무 많이 수출되는 것을 막기 위해서였다.

그런데 원래 칼디가 처음 먹은 열매와 그것으로 만든 음료에는 이름이 없었다. 그냥 '카파에서 나는 열매'로 불렸다. 칼디가 산 곳이 바로 카파였다. 그래서 학자들은 커피(Coffee)라는 말도 바로 카파(Kaffa)에서 왔다고 추측한다. 아비시니아의 카파(Kaffa)가 아라비아로 가서 카와(Qahwa)가 되었고, 다시 터키에서 카흐베(Kahve)가

런던에는 커피를 전문적으로 마시는 커피하우스가 유행했다.

되었다가 이탈리아에서 카페(Café)가 되었다는 것이다. 커피라는 말을 가장 처음 사용한 사람은 1650년 영국 사람인 헨리 블러트 경이라고 한다.

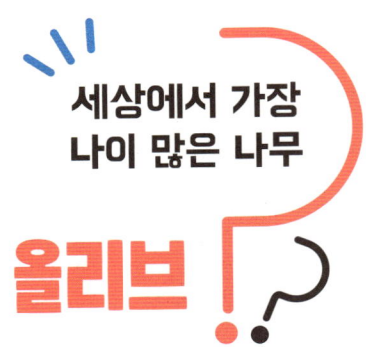

세상에서 가장
나이 많은 나무
올리브

머나먼 옛날, 그리스의 작은 도시. 그런데 그 도시에는 도시 이름도 도시를 도와주는 수호신도 없었다.
"우리 도시에도 수호신이 있어야 합니다."
"맞아요. 큰 도시들은 다 수호신이 있잖아요."
"그럼 어느 신이 우리 도시의 수호신이 되면 좋을까요?"
올림포스에서도 회의가 열렸다. 제우스가 물었다.
"누가 수호신이 되겠는가?"
"내가 수호신이 되겠습니다."
지혜의 여신 아테나였다. 그러자 바다의 신 포세이돈이 자리를 박차고 일어났다.
"아니오, 내가 하겠소."

<아테네 마을의 이름을 정하기 위해 논쟁하는 아테나와 포세이돈>(18세기), 노엘 알

아테나와 포세이돈은 한 치도 양보하지 않고, 제가 아테네의 수호신이 되겠다고 주장했다. 한참이나 말싸움이 이어지자 보다 못한 제우스가 나섰다.

"각자 그 도시 사람들에게 선물을 하라. 사람들이 더 좋아하는 선물을 한 신이 도시의 수호신이 될 것이다."

포세이돈은 의기양양하게 준비한 선물을 줬다.

"내 선물은 튼튼한 말과 결코 마르지 않는 샘이다. 척박한 땅을 물이 흐르고 기름진 땅으로 만들어 줄 것이다."

아테나도 가만히 있지 않았다.

"나는 그 샘 옆에 올리브나무를 자라게 했다. 올리브는 신의 열매다. 사람들에게 풍요와 장수를 가져다줄 것이다."

사람들은 모여서 회의를 했고, 마침내 결정했다.

"우리는 올리브나무를 선택했습니다. 이제부터 우리 도시 수호신은 아테나 여신입니다."

지혜의 신 아테나

그날 이후 그 도시는 수호신 아테나의 이름을 따서 아테네가 되었다.

아테나 여신을 위해 건설된 파르테논 신전(그리스 아테네, 1900년대 초 사진)

로마제국 때 작가 플리니우스는 "포도를 빼고 올리브만큼 귀한 열매는 없다"고 했다. 바위산이나 물이 없는 곳에서도 잘 자라고, 열매에서 기름을 만들어 냈기 때문이다. 그래서인지 고대 사람들은 올리브나무를 귀하게 여겼다.

기독교의 '창세기'에도 나온다. 대홍수 때 방주를 타고 떠돌던 노아는 비둘기가 올리브 나뭇가지를 물고 오자 비가 그치고 육지가 가까이 있다는 것을 알게 되었다. 이집트 벽화에서도 올리브나무를 볼 수 있다. 이집트 사람들은 야생에서 얻은 올리브나무의 열매로 기름을 만들어 썼다.

인류가 직접 올리브나무를 재배한 것은 기원전 3500년경이라고 한다. 오늘날 시리아와 그리스 남쪽의 섬 크레타에서 주로 재배했는데, 1,000년 후에는 이곳에서 나온 올리브기름이 이집트와 소아시아로 수출되었다. 나중에는 올리브기름을 찾는 사람들이 많아지자 에스파냐와 프랑스 남부에도 올리브나무를 심게 되었다. 그 결과 에스파냐는 오늘날 올리브를 가장 많이 생산하는 나라가 되었다.

바다의 신 포세이돈

게르만족이여, 뼈가 없는
동물을 먹지 마라

문어와 오징어

천둥 치는 하늘과 바다 그 아래
저 깊고 깊은 바다 저 멀리 밑바닥에서
크라켄은 꿈도 꾸지 않고 공격도 받지 않은 채
아득한 옛날부터 잠을 자고 있다

희미한 햇살들이 어렴풋한 옆구리 주변에서 달아나고
천 년 동안 자란 거대한 해면동물이 부풀어 오르는데
희미한 빛 저 멀리
불가사의하고 많고 많은 동굴에서
헤아릴 수 없이 많은 거대한 생명체들이
잠들어 있는 초록 물을 거대한 팔들로 까부른다

거기 오랜 세월 누워 있던 크라켄은

이후로도 누워서 잠든 채

거대한 바다 벌레들로 살을 찌우다가

뒤늦은 불꽃이 바닷속을 뜨겁게 데우면

그때 한 번 인류와 천사들에게 모습을 드러내고

사납게 울부짖으며 치솟아

바다 위에서 생을 마치리라

- 알프레드 로드 테니슨의 시 <크라켄>

크라켄(Kraken)은 오랫동안 노르웨이, 아이슬란드 등 북유럽 지역에서 공포의 존재였다. 거대한 바다 괴물인데, 원래는 깊은 바닷속에 살지만 이따금 바다 위로 올라와 배와 사람들을 공격했다고 한다. 잘 알려지지 않은 거대 괴물은 공포였다. 그래서 15세기에 바다를 이용한 무역이 늘어났을 때 만약 항해를 떠난 배가 돌아오지 않으면 크라켄에게 습격

오징어를 그린 1560년대 삽화

당했다고 생각했다. 이런 바다 괴물 크라켄의 겉모습은 문어나 오징어와 비슷하다. 그래서 바다와 가까이 살고 바다에서 먹을거리를 주로 찾던 사람들은 거대한 문어나 오징어를 무서워했다. 독일어의 문어가 '크라켄'인 것도 이 때문이다.

특히 북유럽의 게르만 민족은 두족류 생물들을 먹지 않는다. 두족류는 머리(머리 두, 頭)와 다리(발 족, 足)로만 이루어진 뼈 없는 동물을 말한다. 문어와 오징어, 낙지, 꼴뚜기 같은 것들이다. 크라켄에 대한 두려움 때문이다. 하지만 이보다 먼저 종교적인 이유가 있다. 바로 기독교 성경에 '지느러미와 비늘이 없는 수중생물'을 먹지 말라고 쓰여 있기 때문이다. 문어와 오징어 말고도 게, 새우, 뱀장어, 가오리, 조개들이 여기에 해당한다. 유대교에서는 아직도 이 성경 구절을 엄격하게 지키고 있다. 특히 다리에 붙은 빨판은 유혹, 배신, 거짓말, 집착, 욕심을 연상시킨다고 싫어한다.

<거대 문어>(1810), 피에르 데니스 드 몽포르

1861년 프랑스 전함 알렉톤호는 카나리아 제도에서 거대한 크라켄을 만났다고 그림과 함께 보고서를 썼다.

쥘 베른의 《해저 2만 리》 삽화(1870)

그런데 아열대 지방 바다에서 종종 거대한 오징어나 문어가 잡혔다. 이 때문에 북유럽 추운 지방에 사는 사람들에게는 이런 거대한 두족류가 신기했고, 두려웠다. 원래도 괴상한 생김새와 종교적인 문제로 꺼림칙했는데, 사람도 잡아먹을 것 같은 크기의 문어와 오징어가 잡히자 두려움이 더욱 커진 것이다.

1935년 캐나다 뉴펀들랜드에서 잡힌 대왕오징어

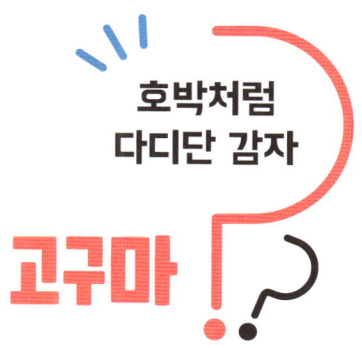

호박처럼 다디단 감자 고구마?

농산물인 단감자는 덩굴과 잎이 마와 같다. 그 덩굴은 땅에 묻으면 곧 곳곳에서 뿌리가 나고, 그 뿌리는 길이가 네댓 치(약 13~17센티미터)이고 둘레는 두세 치(약 6~10센티미터)다. 양 끝은 좁고 뾰족하며, 껍질은 붉은 자주색이다. 속살은 새하얀데 날로 먹으면 삼삼하게 달고, 푹 익혀 먹으면 매우 달아 호박 같은 맛이 난다. 거위의 알처럼 둥근 것이 가장 좋은데, 그 이름은 '감저(甘藷)' 또는 효자마(孝子麻)라고 한다. 바다 건너 왜국(일본)에서는 이것을 가리켜 '고귀마(古貴麻)'라고 한다.

- 조선시대 문신 조엄(趙曮)의 《해사일기(海槎日記)》

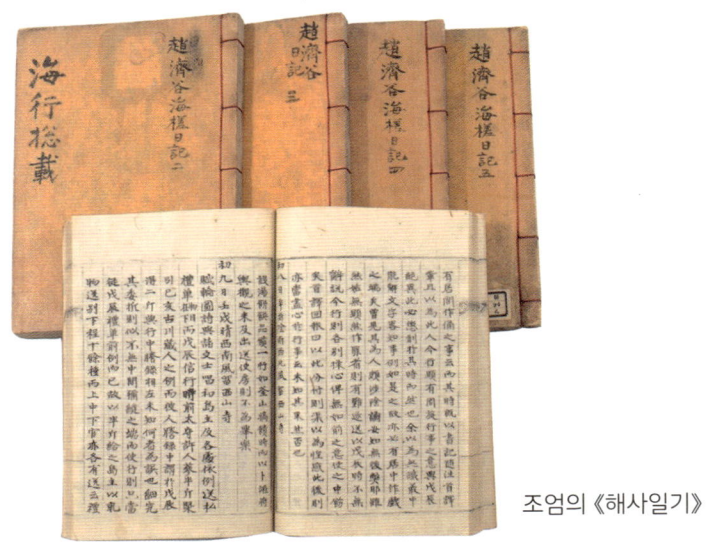

조엄의 《해사일기》

　조엄은 조선시대 사람인데, 1763년(영조 39) 8월부터 1년 동안 일본에 사신으로 갔다. 그리고 돌아와서 그동안 일본에서 보고 들은 것을 정리해 《해사일기》를 썼다. 또 돌아올 때 당시 조선에 없었던 농산물들을 가지고 왔다. 그중에는 고구마도 있었다. 조엄은 고구마 종자를 가지고 와 부산에 심게 했고, 재배하는 방법이나 저장하는 방법도 널리 알렸다.

　우리나라 역사에 고구마가 처음 등장한 것은 그보다 200년 전인 1554년 《구황촬요(救荒撮要)》라고 하는 책에서다. 하지만 이때에는 '이런 작물이 있더란다'라는 소개였다. 그러니 본격적으로 고구마를 재배하고 먹게 된 것은 조엄이 일본에서 가지고 돌아온 다음부터라고 해야 할 것이다.

원래 고구마의 고향은 멕시코, 콜롬비아 등 따뜻한 날씨의 아메리카대륙이다. 마야·아스텍·잉카 문명까지 모두 고구마를 재배했다. 그러다 콜럼버스가 1502년 네 번째로 아메리카대륙에 갔다가 가지고 오면서 유럽에 소개되었다.

아시아에서 고구마를 가장 처음 받아들인 곳은 에스파냐 식민지였던 필리핀이다. 그러다 중국 상인 진진룡이 필리핀에서 고구마를 훔쳐 중국(청나라)으로 가지고 갔고, 이후 중국에 메뚜기 떼가 들이닥쳐 흉년이 들자 고구마가 인기를 끌었다. 이때 고구마 덕분에 중국 인구가 줄지 않고 오히려 늘었다고 한다. 이후 고구마는 타이완으로 갔다가 일본으로 갔고, 조엄에 의해 우리나라까지 오게 되었다.

신기한 것은 고구마의 고향인 아메리카대륙에서는 오늘날 고구마를 거의 재배하지 않는다는 것이다. 세계 고구마 재배면적의 1~2퍼센트밖에 되지 않는다. 오히려 아시아가 70퍼센트, 아프리카가 20퍼센트 이상을 차지하고 있다. 유럽에서는 거의 재배하지 않는다.

2 입을거리의 시작

우리는 언제부터 입게 되었을까?

패션은 변하지만
스타일은 영원하다.

이브 생 로랑

Fashion fade, style is eternal.
- Yves Saint Laurent -

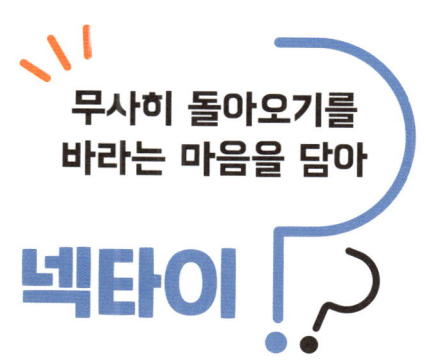

무사히 돌아오기를
바라는 마음을 담아

넥타이

"저게 뭐지?"

루이 14세가 혼잣말을 하듯 중얼거렸다. 그는 호기심 어린 눈빛으로 무언가를 뚫어지게 바라보고 있었다.

"저거라 하심은 무엇을 말씀하시는 겁니까?"

시종장이 물었다.

"저들이 목에 두르고 있는 거 말이다."

왕은 마침 궁전 앞으로 지나가고 있는 외국 용병들을 가리키며 말했다. 시종장은 루이 14세의 손가락 끝을 따라 시선을 돌렸다. 그들은 크로아티아에서 온 용병들이었다.

"아, 크라바트입니다."

시종장이 알겠다는 듯 고개를 끄덕이며 대답했다. 그러자 루이 14세는 새로운 것을 발견한 듯 두 눈을 반짝였다.

"아, 그래? 크라바트라고 한단 말이지?"

얼마 후 루이 14세는 베르사유 궁전에서 파티를 열었다. 많은 귀족이 파티에 참석했다.

"루이 14세 국왕 폐하 입장하십니다."

갑자기 우렁찬 목소리가 들리고 화려한 옷을 입은 루이 14세가 등장했다. 그 순간 사람들은 제 눈을 의심했다.

루이 14세가 목에 고급 비단을 두르고 있었는데, 그 비단에는 고상한 자수가 새겨져 있었고, 그 끝에는 화려한 레이스가 달려 있었다.

"폐하가 목에 걸고 있는 게 뭐죠?"

"그러게요. 처음 보는 건데 뭘까요?"

크라바트가 없는 루이 13세(왼쪽)와 크라바트를 한 루이 14세

> "폐하가 저번에 외국에 다녀오셨는데, 그곳에서 유행하는 걸까요? 화려한 것이 무척 아름답네요."
>
> 그날 이후 프랑스 귀족 남성들 사이에서는 화려한 색깔의 천을 목에 두르는 것이 유행했다. 매는 법을 서로 배우는 모임까지 만들어질 정도였다.

1618년 시작된 30년전쟁에서 프랑스는 왕실을 보호하기 위해 외국 용병을 고용했다. 이때 선택된 이들이 용맹하기로 유명했던 크로아티아 출신의 용병들이었다. 그런 어느 날 산책을 하던 루이 14세가 그들을 보고 호기심을 갖게 되었다. 그래서 시종장은 그들이 '크라바트'라고 알려 주었다. 크로아티아 기마병이라는 뜻의 크로아티아 말이었다. 하지만 루이 14세가 관심을 가진 것은 그들의 이름이 아니라 그들이 목에 두르고 있는 스카프였다. 결국 시종장의 착각으로 크로아티아 기마병을 뜻하는 크라바트는 목에 두르는 스카프가 되었고, 영국으로 건너가 멋쟁이라면 반드시 해야 하는 패션아이템이 되면서 차차 모양도 바뀌어 오늘날의 넥타이가 되었다.

스카프를 한 크로아티아 용병

크로아티아 용병들에게 스카프는 일종의 부적이었다. 전쟁에 나갈 때 아내나 연인이 묶어 줬는데, 여기에는 남편이나 연인이 다치지 않고 무사하게 돌아오기를 바라는 마음이 담겨 있었다. 천으로 목을 단단히 묶으면 마귀가 몸속에 침투하지 못한다는 믿음이 있었기 때문이다.

하지만 가장 처음 목에 스카프를 두른 건 유럽을 정복한 로마제국의 병사들이었다. 그들은 포칼레(Focale)라고 하는 천을 목에 둘렀다. 로마병사들은 오랫동안 행군할 때 물에 적신 포칼레를 목에 둘러 열기를 식혔다고 한다. 이때 포칼레에는 패션이나 부적이 아니라 오로지 한낮의 땀을 식히기 위한 실용적인 목적만 있었다.

트리야누스 기념기둥에 새겨진 로마병사와 포칼레

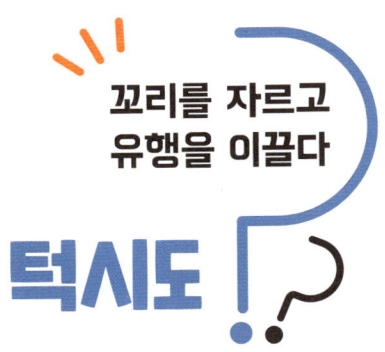

꼬리를 자르고 유행을 이끌다
턱시도

1886년 미국 맨해튼에서 북쪽으로 약 65킬로미터 떨어진 턱시도 파크라는 작은 마을에 피에르 로릴라드 4세가 살고 있었다.

가을의 어느 날, 그는 정기적으로 열리는 무도회에 입고 갈 연미복 때문에 고민하고 있었다.

피에르 로릴라드 4세

"연미복은 뒤가 길어서 앉았다 일어났다 하기에 아무래도 좀 불편해. 활동하기 좀 더 편하면 좋을 텐데……."

한참을 고민하고 있는데, 피에르의 눈에 신문기사가 들어왔다. 영국 황태자 에드워드 7세가 인도를 방문했다는 기사였다.

> 영국의 황태자 에드워드 7세가 인도를 방문했다. 그런데 뒤꼬리를 자른 연미복을 입어서 화제가 되었다. 평소 남다른 패션감각을 자랑해 온 황태자는 "날씨가 너무 더워서 잘라 봤다"고 말했다.

피에르는 당장 재단사를 불렀다.

"가을무도회에 입을 옷을 만들까 하는데, 이 옷처럼 꼬리가 없는 윗옷을 만들어 주게. 옷감은 연미복을 만들 때 사용하는 것을 사용하고……."

그가 재단사에게 보여 준 것은 당시 영국에서 여우사냥 때 많이 입는 새빨간색의 승마복이었다.

하지만 무도회 날 정작 그 옷을 입은 건 피에르의 아들과 아들의 친구들이었다. 격식을 엄격하게 따지는 사회 분위기에서 차마 자신은 입을 용기가 없었던 것이다.

"나이가 든 나보다는 젊은 친구들이 입는 게 낫겠어."

그는 자신이 생각해 낸 꼬리가 없는 빨간색 윗옷을 젊은 자기 아들과 아들 친구들에게 입혔다. 그리고 그 안에는 하얀 이브닝셔츠와 하얀 야외용 조끼, 검은 바지, 그리고 하얀 나비넥타이를 갖춰 입게 했다.

로릴라드의 옷은 단번에 지역 사람들의 마음을 사로잡았다. 검은색과 빨간색의 선명한 조화, 그리고 옷의 편리함 때문이었다. 지역사회에서 로릴라드 가문의 영향력이 컸기 때문이기도 하다.

19세기 연미복

피에르 로릴라드 4세가 세상에 내놓은 무도회용 윗옷은 검은색으로 색깔을 바꾸고 미국 상류층에 퍼져 나갔다. 이름도 얻었다. 그 이름은 피에르가 살던 턱시도 파크라는 지역명을 딴 '턱시도'였다.

그러면 그 지역은 왜 턱시도 파크가 되었을까? 턱시도는 아메리카대륙 인디언의 말에서 왔다. 로릴라드 가문이 자리를 잡은 그 지역은 원래 인디언 '알곤킨족'이 살던 곳이다. 그런데 알곤킨족은 자신들을 늑대의 후손이라고 여기고 추장을 '늑대'라고 했는데, 알곤킨족의 말로 늑대는 '턱시트'였다.

1900년대 턱시도

유럽에서 건너간 사람들은 이 말을 글자로 옮길 때 소리 나는 대로 받아쓰면서 턱시트를 턱시토로 썼다. 그리고 로릴라드 가문이 자리를 잡기 시작한 1800년대에는 턱시토가 턱시도로 부드러워졌다.

한편 우리나라에 서양식 신사복이 들어온 것은 조선 말기 외국 선교사들이 들어오면서부터고, 우리나라 사람들이 본격적으로 입기 시작한 것은 대한제국

친일파를 턱시도를 입은 원숭이에 빗댄 1909년 6월 17일자 신문 〈대한민보〉 만화

때다. 일본과 미국으로 유학을 다녀온 부유층 청년들이 많아졌기 때문이다. 이런 청년들은 신세대라고 하면서 서양식 신사복, 즉 양복을 입고 다녔다. 서양과 일본의 힘으로 국력을 키워야 한다고 주장하는 지식인들도 편한 양복을 입자고 했다.

그러나 1900년대 들어 일본이 우리나라를 집어삼키려는 검은 속내를 드러내기 시작했다. 덩달아 일본과 친일파에 대한 국민감정이 나빠졌다. 그래서 종종 모방을 잘하는 일본인과 친일파를 신사복 입은 원숭이로 표현하기도 했다.

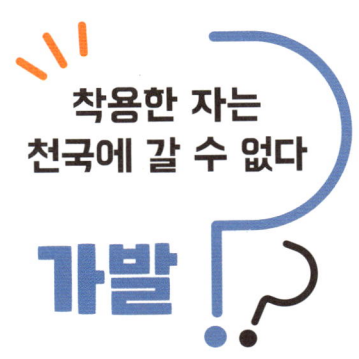

착용한 자는 천국에 갈 수 없다 — 가발

"이상하네. 왜 시프가 나와 있지 않지?"

여행을 마치고 돌아온 천둥의 신 토르는 고개를 갸웃했다. 집으로 돌아올 때마다 아내 시프는 매번 성문 앞에서 자신을 맞아 주었다. 그런데 그런 시프가 보이지 않았다.

성안으로 들어갔지만, 그곳에도 시프는 없었다. 토르는 큰 목소리로 시프를 불렀다. 천둥의 신답게 그의 목소리가 울려 퍼지자 성이 흔들흔들했다.

"시프, 어디 있는 거요? 너무 오랜만에 돌아왔다고 화가 난 거요? 화내지 말고 어서 나와 봐요. 여행에서 보고 들은 재미있는 이야기를 해 주겠소."

하지만 대답은 들려오지 않았다. 토르는 이상하다고 생각하며 침실로 들어갔다. 그 순간 토르는 제 눈을 의심했다. 시프는 침대에 엎드려 울고 있었는데, 보는 사람을 황홀하게 했던 황금색의 긴 머리카락이 싹둑 잘려져 있었다.

"아니! 아름다운 머리카락이 왜 이렇게 잘려져 있는 거요?"

"아침에 깨 보니 머리카락이 이렇게 잘려져 있었어요."

존 찰스 돌만이 그린 시프(1909)

시프는 닭똥 같은 눈물을 뚝뚝 흘렸다.

"어느 놈이 감히 대지의 여신의 머리카락을 함부로 잘랐단 말이오?"

토르는 화가 나서 천둥을 부르는 망치를 휘두르며 밖으로 나갔다. 그리고 얼마 안 가 불의 신 로키가 "최고의 황금 머리카락을 손에 넣었다"고 떠들었다는 것을 알게 되었다.

토르는 한달음에 로키에게 달려갔다. 그리고 멱살을 잡고 흔들어 댔다.

"감히 내 아내의 머리카락을 함부로 잘라?"

"잘못했어요. 시프 님의 머리카락을 원래대로 해 놓을게요. 그러니 좀 놓아주세요."

18세기 삽화 속의 로키

로키는 검은 난쟁이들의 세상인 스바르트알프헤임으로 향했다. 난쟁이들은 원래부터 손재주가 좋아 금붙이든 쇠붙이든 뭐든 잘 다뤘다. 세상에 없는 물건도 만들어 냈다.

"시프의 머리카락을 예전처럼 만드는 걸 자네들이 도와줄 수 있겠나? 자네들이라면 가능할 거야."

로키는 황금 한 덩이를 던져 주었고, 검은 난쟁이들은 황금을 망치로 때려 실처럼 얇게 만들었다.

"이것들을 가지고 가서 시프 님 머리에 붙이십시오. 그러면 아무도 머리가 잘린 줄 모를 겁니다."

북유럽 신화 속 천둥의 신 토르의 아내이자 대지의 여신인 시프는 난쟁이 대장장이들 덕분에 가발을 얻었다. 신화가 아닌 역사에서 가장 먼저 가발을 기록한 나라는 고대이집트로 추정된다. 기원전 3000년경 고대이집트에서는 대다수 사람이 머리를 빡빡 밀고 가발을 썼다. 심지어 왕인 파라오의 독특한 기둥형 수염도 가발이었다고

가발을 손질하는 것을 표현한 피라미드 벽화

한다. 나중에는 얇은 천으로 머리 모양을 만들어서 대신 쓰기도 했다. 이때 가발은 사람 머리카락으로만 만든 것이 가장 비쌌고, 그 다음이 양털로 만든 것이었으며, 식물줄기로 만든 게 가장 쌌다. 따라서 가발만 보고도 신분이 무엇인지 알 수 있었다. 보통은 검은색 가발이었으나 드물게 황금색 가발도 있었고, 제18왕조 아크나톤 왕의 두 번째 부인 네페르티티는 푸른색 가발을 썼다고 한다.

기원전 1세기 로마제국에서는 금발이 유행했다. 자신의 머리카락을 약품으로 표백도 하고, 염색도 했다. 이 때문에 가발도 금발이 대부분이었다. 특히 게르만족 포로의 머리카락을 잘라 만든 연한 갈색과 금색의 중간쯤 되는 아마색 가발을 좋아했다.

고대이집트의 가발 (미국 뉴욕 메트로폴리탄미술관)

엘리자베스 1세와 앙투아네트 왕비

하지만 중세시대가 되자 교회가 가발을 금지했다. 가발을 쓰면 기독교의 축복을 받을 수 없고, 그래서 결국 지옥에 갈 것이라고 했다. 2세기 그리스의 신학자인 테르툴리아누스는 가발을 '악마의 발명품'이라고 비난했다.

가발이 다시 패션아이템이 된 것은 16세기 르네상스를 맞으면서부터다. 그중에서도 영국의 왕 엘리자베스 1세는 가발을 많이 사용했다. 앞머리가 빠져서 날이 갈수록 휑해지는 이마와 가는 머리카락을 숨기기 위해서였다고 한다. 18세기 프랑스 루이 16세의 왕비 마리 앙투아네트도 가발 마니아였다. 베르사유 궁전 안에 가발 만드는 장인만 40명이나 있었다.

이때에는 남성 여성을 가리지 않고 모든 귀족이 가발을 썼다. 심지어 가발을 금지했던 성직자들도 쓰게 되었다. 지금도 영국과 미국, 호주 재판정에서는 판사와 변호사들이 당시의 가발을 쓰고 있다.

17~18세기 귀족사회의 가발

실용 위에 멋을 얹다
청바지

리바이 스트라우스는 어릴 때 독일에서 미국에 이민 온 장사꾼이었다. 그가 파는 물건은 텐트나 천막, 포장마차에 사용하는 캔버스 천이었다. 그때 미국 사람들은 너도나도 포장마차에 짐을 싣고 서부로 갔다. 서부에서 금광이 발견되었기 때문이었다. 그래서 포장마차가 많이 필요했고, 덕분에 스트라우스의 장사도 잘됐다.

리바이 스트라우스

그러다 리바이는 광부들의 바지가 금방 해지는 것을 보게 되었다. 땅속을 기어 다니다시피 했기 때문이다. 그래서 자신이 팔던 캔버스 천으로 위아래가 붙은 작업복을 만들어 팔았다.

"이 바지는 좀 뻣뻣하지 않을까?"

"그러면 어떤가? 대신 질겨서 오래 입을 수 있지 않나?"

1853년 설립된 리바이 스트라우스 앤드 컴퍼니

"맞아, 우리같이 돈 없는 사람에게 이만한 건 없어. 이 바지 하나면 1년은 버틸 수 있을 거야. 어디 그뿐인가? 푸른색 인디언 물감을 들여서 방울뱀도 쫓을 수 있다지 않나?"

실제로 바지는 질겼고, 튼튼했다. 또 두꺼워서 험한 일을 할 때 몸을 보호해 주었다. 입소문을 타자 바지는 불티나게 팔려 나갔다.

그런데 리바이는 옷가게를 지나다가 한 여성의 목소리를 듣게 되었다. 그녀는 재봉사에게 바지를 주문하고 있었다.

"리바이 바지는 다 좋은데 주머니가 자꾸 터져요. 그러니 우리 남편 바지는 주머니를 두 번 박아 주세요. 아예 터질 수 없도록 단추 같은 걸 박아 버려도 좋고요."

그 순간 리바이는 무릎을 탁 쳤다.

'옷감만 생각했지 주머니는 생각하지 못했구나.'

리바이는 그길로 공장으로 돌아왔다. 그리고 튼튼한 주머니를 위한 실험을 시작했다.

"두 번 박더라도 실로는 한계가 있다네. 오래되면 결국 뜯어지고 말겠지. 제이콥, 무슨 좋은 방법이 없을까?"

청바지 주머니 모서리에 붙은 리벳

리바이는 제이콥 데이비스와 머리를 맞댔다. 제이콥은 러시아 출신으로 리바이의 공장에서 일하는 솜씨 좋은 재봉사였다.

"사장님, 그 부인의 말처럼 단추 같은 것으로 고정한다면 어떨까요? 리벳 같은 걸 주머니 모서리에 박으면 쉽게 터지지 않을 겁니다."

리벳은 금속판을 서로 연결할 때 쓰는 핀처럼 생긴 못이다. 윗부분에 압정처럼 평평한 머리가 달려 있다.

"옷에 쇠붙이를 붙이면 불편하지 않을까? 또 옷이 무거워질 텐데……."

"리벳을 납작하게 하고 구리로 만든다면 괜찮을 겁니다."

리바이는 1873년 이 구리로 만든 리벳을 독점적으로 제작하고 판매할 수 있는 특허권을 승인받았다.

리벳이 박힌 청바지는 리바이 스트라우스의 발상의 전환과 제이콥 데이비스의 아이디어로 탄생했다. 질기고 튼튼한 데다가 더러워져도 눈에 잘 띄지 않아서 광부나 카우보이들에게 인기가 높았다.

　청바지는 서부 일꾼들에게 없어서는 안 될 귀한 존재였다. 하지만 도시 멋쟁이들에게 청바지는 일바지에 불과했다. 아예 입으려고 하지 않았다. 1935년 유명한 패션잡지 <보그>에 한 광고가 실리기 전까지는 그랬다.

청바지를 내세운 리바이스 광고들

1935년 5월 15일 <보그>에 실린
리바이스 청바지 광고

1940년대 청바지 광고

　<보그>에 실린 광고는 이전과 달리 남성이 아닌 두 명의 상류층 여성들이 청바지를 입고 있는 모습을 표현했다. 이 광고는 사람들의 생각을 바꿨다. 그전까지 청바지는 험한 일을 하는 서부 남성들의 옷이라고 여겼다. 그러나 이 광고 이후에는 동부 부유층 여성들도 청바지를 입을 수 있다고 생각하게 되었다. 그러자 디자이너들도 청바지를 디자인하기 시작했다. 일바지에서 멋쟁이들이 입는 패션바지가 된 것이다.

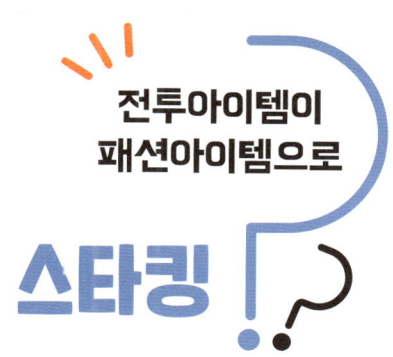

전투아이템이 패션아이템으로
스타킹?!

"아이고, 저게 뭐랍니까? 남사스럽게……."

사람들이 못 볼 꼴을 보았다는 듯 눈살을 찌푸렸다. 항구에 늘어선 사람들 사이에서 작은 소란이 일어나고 있었다.

그들이 보고 있던 건 노르망디공국의 병사들이었다. 그들은 이제 막 영국해협을 건너 잉글랜드에 도착한 참이었다.

그런데 노르망디공국 병사들은 모두 다리에 꽉 달라붙는 바지를 입고 있었다.

"무릎이며 종아리며 심지어 엉덩이까지 다 보이지 않나요? 세상에! 옷감이라는 걸 몰랐다면 바지를 입지 않았다고 생각했을 거예요."

여자들은 부끄러움에 얼굴을 돌렸고, 남자들은 언짢음에 혀

영국해협을 건너와 잉글랜드를 정복한 노르망디공국의 배와 병사들

를 찼다. 그때 병사들 사이에 화려한 옷을 입은 소년이 나타났다. 얼굴빛이 온통 붉었고, 빛나는 금발에 다소 통통한 소년이었다. 그런데 소년도 병사들과 마찬가지로 다리 윤곽이 다 드러나는 바지를 입고 있었다.

"윌리엄 1세의 셋째 아들 루프스 왕자군요. 올해 열 살이라지요? 그런데 저 바지는 아이들도 입는 모양이네요."

그때 노르망디를 오가며 장사를 하는 사람이 말했다.

"저건 바지가 아니라 프랑스식 양말이오."

"네? 바지가 아니라 양말이라고요?"

"아, 그렇다니까요. 팬티와 바지와 양말을 한데 이어 붙였다고 할까? 아무튼 프랑스 귀족사회에서 큰 인기지요."

장사꾼은 신이 나서 말을 이었다.

"저 루프스 왕자가 입은 것만 해도 고급인 데다가 자수까지 놓은 거라 무척 비싼 거랍니다."

"저 양말 이름이 뭡니까?"

"스킨 타이츠라고 합니다."

월리엄 1세(정복왕 윌리엄)는 원래 지금의 프랑스 땅인 노르망디의 공작이었다. 그런데 1066년에 영국 해협을 건너와 잉글랜드를 정복하고 노르만 왕조를 열었다. 이때 그가 잉글랜드에 가져온 것은 새 왕조만이 아니었다. 유럽 남성들 사이에서 인기 있던 팬티가 달린 긴 양말도 가져왔다. 스타킹을 잉글랜드 땅에 들여온 것이다.

고대그리스의 여성들이 신던 쉬코스

역사에 최초로 신발을 기록한 건 기원전 2000년경 고대이집트다. 파피루스라고 하는 이집트 갈대를 엮어서 바닥을 만들고 끈으로 발등에 매어 신었다. 이런 형태의 신발은 그리스로 이어졌다. 기원전 600년경 고대그리스 여성들은 발꿈치부터 발가락을 덮는 덧신이나 페이크삭스처럼 얇고 부드러운 신발을 신었다. 이를 쉬코스(sykhos)라고 했는데, 오늘날의 발레 슈즈와 비슷했다. 다만, 남성들은 신지 않았다.

스타킹을 신고 있는 중세 성직자(13세기)

뜨개질로 스타킹을 짜는 모습 (1698)

　기원전 100년경에는 로마 사람들도 발에 무언가를 신었다. 그들은 그것을 우도(udo)라고 했는데, 염소털로 만들었다고 한다. 이때 우도는 발과 정강이만 겨우 덮었다. 그러다 로마 재봉사들이 차차 무릎 위까지 끌어올렸고, 로마 병사들이 긴 우도를 부츠 안쪽에 신었다. 기원전 1세기 율리우스 카이사르도 프랑스 땅인 갈리아를 정복할 때 병사들에게 우도를 신게 했다. 로마보다 추운 날씨와 종아리를 스치는 잡목들로부터 다리를 보호하기 위해서였다.

　로마제국 병사들이 신던 긴 양말을 중세시대에는 가톨릭 성직자들이 신었다. 성직자 법의와 함께 무릎 위까지 오는 리넨의 긴 양말을 신었는데, 허벅지까지 올라오는 것도 있었다. 차츰 몸에 딱 달라붙은 형태가 되었고, 팬티가 붙은 형태로도 발전했다. 정복왕 윌리엄의 병사들이 입고 있던 스킨 타이츠가 된 것이다.

스타킹을 신는 여성을 그린 <몸단장>(1742), 프랑수아 부셰

　이렇듯 과거의 스타킹은 오늘날과 달리 주로 병사나 성직자 같은 남성들의 입을거리였다. 이 시기 여성들이 스타킹을 신었다는 기록은 거의 없다. 그림이나 문학작품 속에 가끔 등장할 뿐이었다. 여성들의 패션아이템으로 본격적으로 자리 잡은 건 엘리자베스 1세 때인 16세기부터다. 쉬코스로 시작해서 우도, 소쿠스, 소크 등으로 다양하

게 불려 온 긴 양말을 스타킹으로 부르게 된 것도 이때부터다. 스타킹은 다리와 발에 꼭 맞게 싸맨다는 뜻을 가지고 있다. 스타킹이 대중화된 것은 1589년부터다. 영국의 목사 윌리엄 리가 양말 짜는 기계를 발명했기 때문이다. 17세기 말에는 비단 대신 면실과 모직실로 짠 스타킹도 생산되었다.

오늘날 스타킹은 거의 나일론 섬유로 만든다. 나일론 섬유로 만든 스타킹은 잘 늘어나고, 질기며, 다양한 색깔로 염색도 가능하다. 그래서 제2차 세계대전 후부터는 나일론 섬유로 만든 스타킹이 비단이나 털실 등을 몰아내고 완전히 자리를 차지해 버렸다.

18세기에는 왕에서부터 거리의 악사까지 신분과 남녀를 가리지 않고 스타킹을 신었다.

편견에 맞선 과감한 도전
웨딩드레스

1840년 2월 10일, 영국 런던.

세인트제임스 궁전 안팎에 사람들이 많이 모여 있었다. 여왕의 결혼식을 축하하기 위해서였다.

좀 전까지도 우렁차게 울려 퍼지던 트럼펫 소리가 갑자기 뚝 끊겼다. 대신 웅장하면서도 온화한 오르간 연주가 시작되었다. 신부인 여왕이 예배당 안으로 들어섰기 때문이었다.

순간 사람들이 웅성대기 시작했다.

"뭐야? 내 눈이 잘못된 건가? 지금 여왕께서 입고 있는 드레스가 하얀색인 건가?"

"하얀색이라고? 그럴 리가……."

"좋은 날에 하필 하얀색이라니?"

"결혼식인 줄 모르는 사람이 보면 누가 죽은 줄 알겠어."
귀족들은 소리를 치지는 않았지만 불만스럽게 수군댔다.

1840년 빅토리아 여왕은 하얀색 웨딩드레스를 입고 독일의 앨버트 왕자와 결혼했다.

"……하지만 성스러워 보여."

"다른 사람들의 옷과 비교되어서 신부가 더 돋보이는 것 같기도 하고……."

"머리에 쓴 관도 보석이 아니라 꽃으로 장식한 것

빅토리아 여왕의 화관 모형

같군. 머틀꽃하고 오렌지꽃 같아. 여신처럼 순수해 보이는걸."

그중에는 여왕의 차림새에 감탄하는 이들도 있었다.

감탄은 평민들이 모여 있던 곳에서 더 컸다.

"우아하고 성스럽게 느껴지는 것 같지 않나?"

"그래그래, 자수와 레이스로 화려하게 장식하니까 평민들 옷처럼 밋밋하지도 않고……. 사실 흰색은 우리가 입기에 부담스럽긴 해. 하지만 결혼식은 일생에 한 번뿐이니까 저런 눈부신 드레스를 입고 여신이 되어 보는 것도 나쁘지 않을 것 같아."

비가 온 그날, 세인트제임스 궁전에 모인 사람들 가슴속에는 여왕의 눈처럼 새하얀 드레스가 깊이 새겨졌다.

그 당시 귀족들은 장례식이나 슬픔을 표현해야 할 때만 흰색 옷을 입었다. 그리고 염색한 천을 살 수 없는 평민들이나 입는 옷이라고 여겼다. 때문에 여왕이 하얀색 웨딩드레스를 입고 등장하자 노골적으로 불편해했다. 반면 국민은 여왕이 가난한 평민들을 생각해서 하얀색을 선택했다고 믿었다. 게다가 여왕은 다이아몬드 같은 보석이 박힌 관이 아니라 정원에서 꺾어 온 싱싱한 머틀꽃과 오렌지꽃으로 장식한 관, 바로 화관을 쓰고 있었다. 또 같은 꽃들로 만든 꽃다발인 부케를 들었다. 누구나 마음만 먹으면 만들어서 쓰고 들 수 있다는 점 때문에 국민은 또다시 열광했다.

머틀은 그리스신화 속 달과 사냥의 여신 아프로디테와 곡물과 농업의 여신 데메테르가 아끼던 식물인데, 전통적으로 결혼과 자식들을 상징해 왔다. 영국도 17세기 후반부터 정원에서 재배했다. 그리고 사랑과 결혼을 상징하는 꽃으로 사람들에게 사랑을 받았다. 특히 연인들은 밸런타인데이에 연인에게 카드를 보낼 때 사랑의 증표로 머틀 가지를 꺾어 함께 보내기도 했다.

빅토리아 여왕은 어릴 때부터 꽃을 좋아해서 많이 키웠다. 특히 제비꽃과 머틀꽃을 좋아했다고 한다. 화관과 부케에 사용한 머틀도 왕실의 여름별장인 오스번하우스에서 직접 키운 것이었다. 나중에 빅토리아 여왕의 큰딸 빅토리아 공주가 결혼할 때도 이 정원에서 꺾은 머틀 가지 하나를 선물했다고 한다. 지금도 영국 왕실의 신부는 결혼식 날 머틀꽃이 들어간 부케를 든다.

머틀꽃(왼쪽)과 오렌지꽃

그런데 빅토리아 여왕이 하얀색의 웨딩드레스를 최초로 입은 것은 아니다. 하얀색 웨딩드레스는 16세기에 영국과 프랑스에서 처음 등장했다. 신부가 눈처럼 깨끗하고 성스러워야 한다는 생각에서였다. 하지만 교회가 반대했다.

"당연한 것을 새삼스레 드러내놓고
떠들어 댈 만한 일이 아니다."

잡지와 신문은 하얀색 웨딩드레스가 옳으니 그르니 하면서 논쟁을 벌였다. 이 논쟁은 무려 150년 동안이나 이어졌다. 그래서 사람들은 하얀색보다는 노란색 웨딩드레스를 주로 입었다. 이런 분위기 속에서 빅토리아 여왕은 도전을 선택했다. 국민은 열광했고, 처음에 눈살을 찌푸렸던 귀족들도 점차 하얀색 웨딩드레스를 입게 되었다.

중세시대의 웨딩드레스

이런 때에 영국에 산업혁명이 시작되었다. 그러자 모든 물자가 풍부해졌고, 국민의 경제력도 이전에 비해 풍족해졌다. 그러자 비싸고 한 번밖에 입을 수 없는 웨딩드레스에 대한 요구도 늘어났다. 비록 처음은 아니었지만, 빅토리아 여왕은 흰색의 웨딩드레스를 입고 베일을 쓰고 꽃으로 만든 부케를 드는 신부의 모습을 대중화시킨 최초의 사람이었다.

조금이라도 더 크게 하이힐?

    연회장 분위기가 꽁꽁 얼어붙어 있었다. 가장 중심, 그리고 가장 높은 곳에 앉아 있는 소년 왕의 표정이 좋지 않았기 때문이다.

    스웨덴과 폴란드에서 온 사절단은 영문을 알 수 없어 안절부절못했다. 시종이나 귀족들도 이유를 알 수 없기는 마찬가지였다. 유럽에서 가장 강력한 나라, 프랑스의 왕이 불편해하자 연회의 분위기는 살얼음판같이 얼어붙었다.

    그날 왕은 한 번도 자리에서 일어나지 않았고, 연회 중간에 훌쩍 자리를 떠나 버렸다.

    다음 날에도 연회가 열렸다.

    "오늘은 폐하의 기분이 좀 나아졌을까요?"

귀족들과 사절단들은 왕을 기다리며 수군댔다. 그때 문이 열리고 왕이 홀 안으로 들어왔다. 그런데 좀 이상했다.

"평소와 좀 다른 것 같지 않나요?"

"글쎄요, 키가 좀 커진 것 같기도 하고……."

"아무리 성장하는 중이라고 해도 하룻밤 만에 키가 확 커진다는 게 가능하지 않잖아요?"

"그럼 뭐죠? 좀 달라 보이는데……."

다음 순간 사람들의 눈에 왕이 신고 있는 신발이 눈에 들어왔다. 그것은 뒷굽이 손가락 하나 정도나 되는 빨간색의 구두였다.

루이 14세의 하이힐

하이힐(high-heels)은 높다는 'high(하이)'와 뒤꿈치를 뜻하는 'heel(힐)'로 이루어진 말이다. 뒷굽이 높은 구두를 가리킨다. 하이힐을 최초로 신은 이들은 기원전 3500년경의 고대이집트 왕족과 귀족들이었다. 이들은 평민과 노예보다 자신들의 지위가 높다는 것을 드러내기 위해 굽이 있는 신발을 신었다.

기원전 800년경
인도 라마파 힌두사원 조각

기원전 3500년경 고대이집트 벽화의 굽이 달린 신발

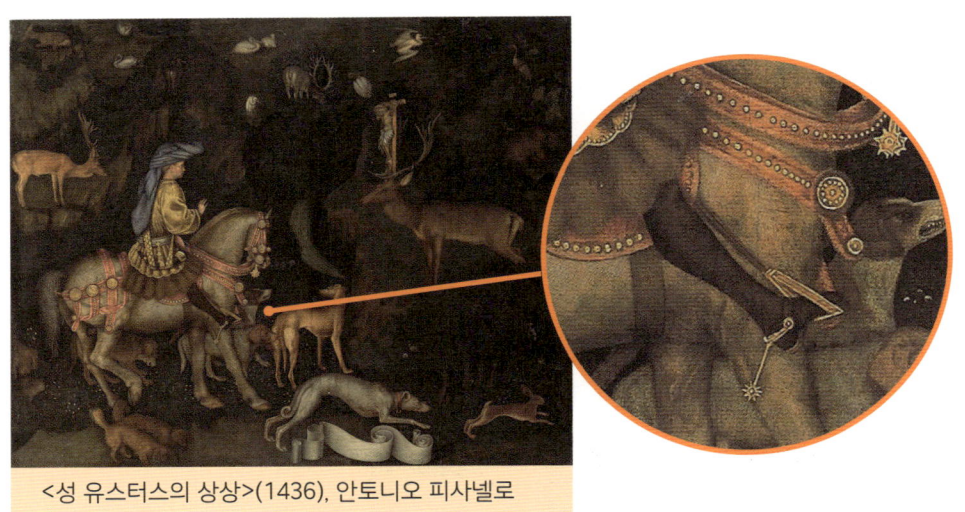
<성 유스터스의 상상>(1436), 안토니오 피사넬로

중세시대 유럽에서 하이힐은 말을 타는 남자들, 특히 기사들이 신는 신발이었다. 하이힐 굽 때문에 발을 걸어서 몸을 지탱하게 하는 등자에 고정하기가 쉬웠던 것이다.

15~16세기가 되면 유럽은 종교의 시대 중세가 끝나고 르네상스로 접어든다. 이때 문화와 유행을 이끈 건 이탈리아였다. 그리고 이들의 문화와 유행은 이탈리아의 공주들이 프랑스 왕이나 왕자와 결혼하면서 프랑스로 퍼졌다. 이탈리아의 하이힐도 왕가의 국제결혼과 함께 프랑스로 건너갔다. 그런데 당시 유럽은 하수시설이 거의 없었다. 환경이나 위생에 대한 개념도 없었다. 화장실도 따로 없었다. 그래서 길바닥에는 사람이나 동물의 대소변이 흘러넘쳐 언제나 진창이었다. 이 때문에 귀족들은 남녀 모두 굽이 높은 하이힐을 즐겨 신었다.

거리의 오물을 피하려고 신었던 중세시대의 하이힐 '패턴'

16~17세기 이탈리아의 하이힐

재미있는 건 이때 하이힐의 디자인에 관심을 가진 건 남성들이었다는 것이다. 여성들은 긴 드레스를 입어서 신발을 보이는 일이 적었기 때문에 오히려 관심이 적었다.

귀족들이 하이힐을 패션으로 받아들이고 디자인에 관심을 두게 된 건 루이 14세 때문이었다. 루이 14세는 키가 작았

17~18세기 프랑스의 하이힐

는데, 조금이라도 더 크게 보이기 위해 굽이 높은 하이힐을 즐겨 신으면서 유행을 이끌었다. 게다가 당시 루이 14세의 베르사유 궁전에는 화장실이 없었다. 그래서 귀족들은 궁전 정원에다 실례해야 했는데, 하이힐은 배변에 옷을 더럽히는 사고를 피하는 데에도 쓸모가 있었다.

이후 산업사회가 되면서 남성들은 하이힐을 신지 않게 되었다. 활동하기에 불편했기 때문이다. 그와는 반대로 여성들은 사회활동이 많아지고 사회적 지위가 올라가자 오히려 더 높고 더 뾰족한 하이힐을 신었다.

바닥창을 두껍게 댄 17세기 여성들의 신발, 초핀

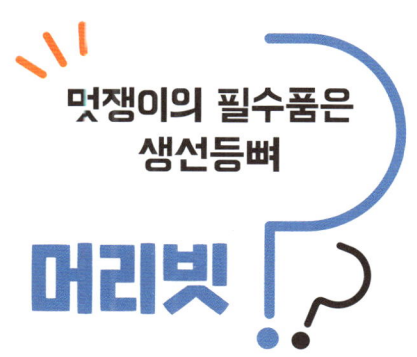

회사에서 세 명의 영업부 사원들에게 과제를 냈다.
"스님에게 머리빗을 파십시오."
불교의 스님들은 잡스러운 생각을 하지 않고 불교의 깨달음을 얻기 위해 머리카락을 모두 자른다. 그런데 회사는 그런 스님들에게 머리빗을 팔라고 한 것이다.
"머리카락이 없는 스님에게 머리빗을 어떻게 팝니까?"
"말도 안 되는 과제입니다."
몇몇 사원들이 회사에 강력하게 항의했다. 그러나 회사는 뜻을 굽히지 않았다.
"추운 북극에 사는 에스키모인들에게도 냉장고를 팔 수 있습니다. 생각을 바꾸지 않으면 고객을 지금보다 더 많이 늘릴 수 없고, 그러면 회사도 발전할 수 없습니다."

에스키모인들이 사는 곳은 음식을 그냥 두면 모두 꽁꽁 얼어 버린다. 하지만 냉장고 냉장실은 평균적으로 0도에서 10도 사이라서 음식이 얼지 않는다. 그래서 에스키모인들은 음식을 얼지 않게 보관하려고 냉장고를 샀다.

영업부의 사원들은 하는 수 없이 머리빗을 들고 스님들을 찾아갔다. 그리고 1주일 후 각자 판 머리빗의 개수를 보고했다.

첫 번째 사원은 1개를 팔았다.

"머리를 긁적거리는 스님에게 팔았습니다."

두 번째 사원은 10개를 팔았다. 사장이 물었다.

"어떻게 팔았는지 말해 보시오."

"신도들을 위해 사라고 설득했습니다. 머리빗이 절 곳곳에 있으면 절에 온 신도들이 헝클어진 머리를 단정히 할 수 있을 것이라고 했습니다."

세 번째 사원은 1,000개를 팔았다. 사장이 물었다.

"어떻게 팔았는지 말해 보시오."

"절에 오는 신도들에게 뜻깊은 선물을 해야 한다고 강조했습니다."

현재 남아 있는 것 중 미용을 위해 사용된 가장 오래된 머리빗은 기원전 7000년경에 사용된 것이다. 이 말은 인류가 지금으로부터 9,000년 전에도 빗으로 머리를 빗었다는 의미다. 물론 석기시대 사람들이 거주했던 곳이나 무덤에서는 머리빗 모양의 유물들이 많이 나온다. 하지만 이때

석기시대의 머리빗

머리빗은 머릿결을 단정하게 한다든가 머리카락을 꾸미기 위한 것이 아니었다. 그보다는 머릿속에 사는 곤충인 이와 그 알인 서캐를 훑기 위한 도구였다. 그래서 단순한 형태의 것이 많았다.

이와 달리 기원전 7000년 이후 문명세계에서 만들어진 빗은 디자인도 다양하고 아름다웠으며 섬세했다. 위생을 위한 도구가 아닌 미용을 위한 도구가 된 것이다. 특히 고대이집트 사람들은 가지런한 머릿결을 선호해서 머리빗을 항상 가지고 다녔다.

기원전 1500년경 이집트 머리빗

처음으로 사용한 머리빗은 말린 생선뼈였던 것으로 추측한다. 아프리카 일부 지역에서는 지금도 생선뼈를 말려 빗으로 사용하고 있다. 하지만 생선뼈의 흔적은 이름에도 남지 않았다. 머리빗을 뜻하는 영어 'comb(콤)'이 그리스어 '곰보스(gombhos)'에서 유래되었는데, 이는 바로 이빨, 치아를 가리키는 말이기 때문이다.

기원전 7000년경의 이집트 머리빗

생선뼈 말고 다양한 소재로 머리빗을 만든 것도 고대이집트다. 이집트에서는 남녀가 모두 빗으로 머리를 단장했으며, 빗으로 머리카락을 고정해 핀으로 사용하기도 했다. 그러다 보니 사람들은 더 단단한 빗을 원했고, 또 빗에 아름다운 조각을 새겨 넣기를 원했다. 그래서 이집트에서는 점차 크고 단단한 동물의 뼈나 뿔로 빗을 만들었고, 왕족이나 귀족들은 보석을 박아 넣기도 했다. 하지만 생활이 넉넉하지 않은 사람들은 나무로 만든 머리빗을 사용했다.

초기 기독교 시대(기원후 1년부터)에는 종교의식 때 발을 씻고 머리를 빗는 걸 중요하게 생각했다. 저녁기도를 하기 전에 머리를 빗는 방법도 자세하게 기록해 두었다. 그래서 로마제국이 기독교를 탄

압했을 때 기독교인들은 지하세계인 카타콤으로 숨어들면서 머리빗을 반드시 가지고 갔다. 카타콤은 원래 기독교인들의 지하묘지였다. 그런데 로마제국이 기독교를 탄압하자 기독교인들은 카타콤에서 예배를 하며 숨어 살았다. 그래서 카타콤이 발견되었을 때 상아나 금속으로 만든 머리빗도 많이 발견되었다.

기독교인들의 은신처,
예배당, 그리고
무덤이었던 카타콤

북부 이탈리아 지역에 번성했던
에트루리아문명 머리빗(기원전 700년)

이란 동쪽의 중앙아시아를 지배했던
스키타이제국 머리빗(기원전 400년)

    거의 모든 문명은 각자 상황에 맞게 고유의 빗을 만들어 사용했다. 서양이나 동양이나 마찬가지였다. 그런데 오직 한 문명만은 예외였다. 오늘날 영국이라고 불리는 땅 중 주로 남쪽에 모여 살던 고대인 브리튼인들이다. 이들은 빗을 가지고 다니던 로마제국의 병사들에게 점령되었을 때도 빗을 받아들이지 않았다. 그래서 항상 손질하지 않은 부스스한 머리를 하고 있었다.

    브리튼인들이 머리빗을 사용하기 시작한 것은 789년 덴마크에 살던 데인인들이 침입하면서였다. 데인인들이 해안가에 살던 브리튼인들에게 빗과 머리 빗는 방법을 가르쳐 준 것이다. 브리튼인들은 머리빗을 만들 때 처음에는 물고기인 대구의 뼈로 만들었다. 그러다 점점 동물뼈와 사슴뿔로 자신들만의 독특한 머리빗을 만들어 사용하기 시작했다. 그들의 부스스한 머리카락도 덩달아 차분해졌다.

중국에서는 빗을 부의 상징으로 여겨서 기쁜 날 빗을 사거나 주변 사람들에게 선물했다. 우리나라에서는 신랑이 신부에게 청혼할 때 거울을 보냈고, 그것을 받은 신부는 빗을 보냈다. 이때 빗은 '결혼을 승낙한다'는 의미였다.

한편 조선시대 시인이었던 황진이는 떠난 임을 그리워하며 다음과 같은 시를 썼다.

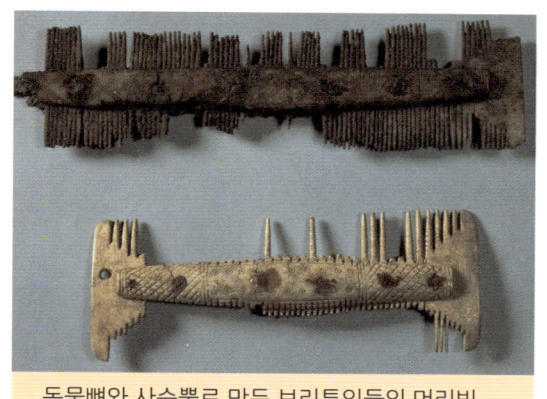

동물뼈와 사슴뿔로 만든 브리튼인들의 머리빗

금과 은으로 장식한 동물 뿔 머리빗
(동아프리카 잔지바르, 18세기)

그 누가 곤륜산의 옥을 깎아서
직녀의 머리빗으로 만들었는가
이별한 견우가 오지를 않아
깊이 시름겨워하며 하늘에 던져 놓았구나

- 황진이의 시 <반달을 노래하다>

황진이는 약속하고 떠난 임을 기다렸다. 하지만 아무리 기다려도 오지 않았다. 머리를 빗어 단장할 일이 없었다. 그래서 빗을 던져 버렸더니 하늘에 가닿아 반달이 되었다는 것이다. 생활필수품이 문학 속에서 아름다운 상징이 되었다.

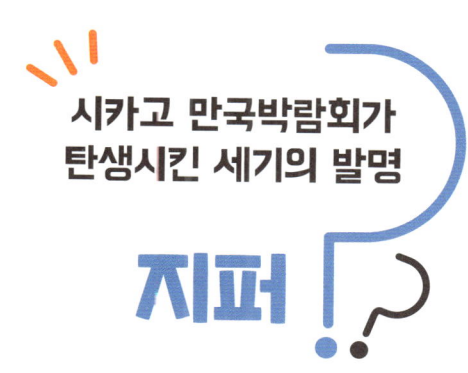

시카고 만국박람회가 탄생시킨 세기의 발명

지퍼

"이거야, 원! 저드슨, 자네는 오늘도 구두끈 때문에 지각한 건가?"

저드슨이 사무실로 들어서자마자 벼락같은 사장 목소리가 날아들었다.

"도대체 이번 달만 몇 번째인가?"

"죄송합니다. 좀 더 조심하겠습니다."

더 이상 잔소리를 하지는 않았지만, 사장은 불쾌한 기색을 감추지 않았다.

그런데 저드슨은 다음 날도 지각하고 말았다. 마침내 사장은 폭발했다.

"저드슨, 그렇게 자네 마음대로 출근

위트컴 저드슨

하려거든 당장 회사를 그만둬!"

그 소리를 듣자 저드슨도 화가 났다.

"그러지요. 당장 그만두겠습니다."

그러고는 그길로 사무실을 나와 버렸다.

'일부러 늦는 것도 아닌데, 구두끈 매는 게 힘든 걸 나보고 어떡하라고?'

저드슨은 화가 가라앉지 않아서 커다란 덩치를 씩씩거렸다. 저드슨은 남들보다 덩치가 컸고, 살집이 많았다. 그래서 매일 아침 쪼그리고 앉은 상태로 한참 동안 구두끈을 매는 게 남들보다 쉽지 않았던 것이다.

'구두끈을 단번에 쫙하고 맬 수는 없을까?'

집으로 돌아온 저드슨은 한 가지 결심을 했다.

'좋아! 단번에 조일 수 있는 걸 한번 만들어 보자.'

그날부터 저드슨은 3년을 넘게 연구에 몰두했다. 그리고 마침내 '걸쇠 잠금장치(Clasp locker)'를 발명해 특허를 받았고, 이 장치를 구두에 적용해 1893년 미국 시카고에서 열린 세계 만국박람회에 내놨다.

걸쇠 잠금장치를 발명한 사람은 미국인 위트컴 저드슨이다. 그가 세상에 내놓은 것은 소형 쇠사슬에 끝이 구부러진 쇠 돌기를 집어넣

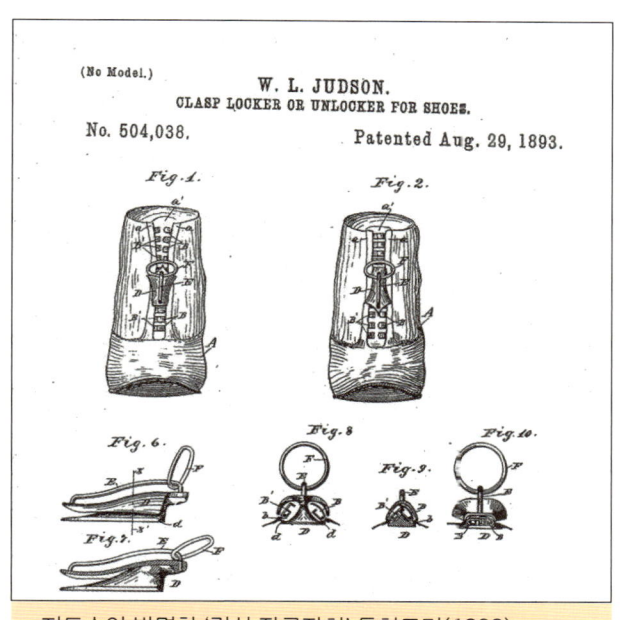
저드슨이 발명한 '걸쇠 잠금장치' 특허도면(1893)

은 형태였다. 편리했지만, 문제가 있었다. 모양도 예쁘지 않은 데다가 구두와 어울리지 않았고, 가격도 너무 비쌌다. 이 때문에 흉측한 모양에만 관심을 가질 뿐 아무도 그 장치를 사려 하지 않았다. 저드슨은 포기하는 대신 회사까지 직접 차리고 기능을 두 번이나 개선했다. 하지만 성공을 이루지 못하고 1909년에 세상을 떠났다. 이제 저드슨이 남긴 숙제는 저드슨 회사의 직원이었던 기드온 순드바크가 맡았다.

스웨덴 출신으로 기술자였던 순드바크는 낚싯바늘처럼 생긴 쇠돌기를 없애고, 이빨처럼 나란하게 이어진 장치를 좌우에 엇갈리게 배치했다. 그리고 하나의 이빨은 T자처럼 아래를 잘록하게 만들었다. 슬라이더를 밑에서 위로 올리면 왼쪽 이빨은 오른쪽 이빨 사이로 파고들고, 오른쪽 이빨은 왼쪽 이빨 사이로 파고들게 한 것이다. 그제야 이 특별한 장치에 관심을 보이는 기업이 나타나기 시작했다.

그러나 이때까지도 이 장치의 이름은 우리가 지금 알고 있는 그 이름이 아니었다. 저드슨은 '걸쇠 잠금장치'라고 했고, 순드바크는 '걸이 없는 잠금장치'나 '분리형 잠금장치'라고 불렀다.

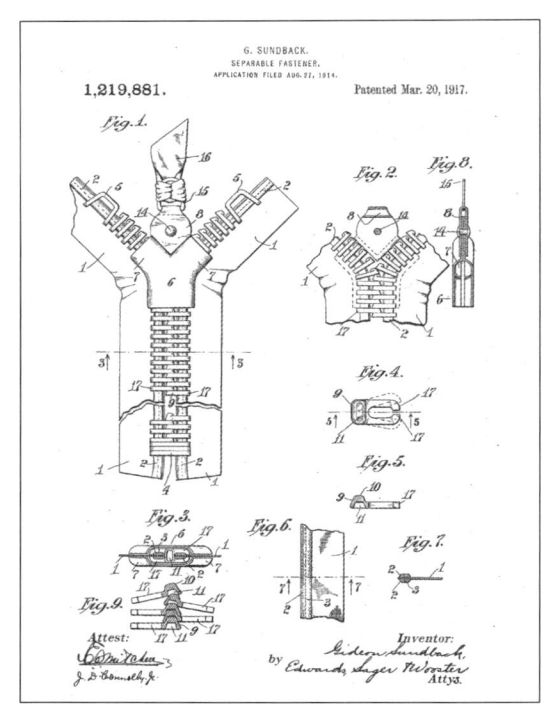

기드온 순드바크와
그의 특허도면(1917)

굿리치컴퍼니 지퍼 광고

그런데 1923년 미국의 제조업체인 B. F. 굿리치컴퍼니가 긴 장화에 순드바크의 잠금장치를 부착해 팔았는데, 이때 잠금장치를 단 장화에 '지퍼(zipper)'라는 상표를 붙여 광고했다. 잠그고 열 때 '지지프'거린다고 해서 지퍼라고 했다고 한다. 즉, 애초에 지퍼는 잠금장치의 이름이 아니라 '지지프' 하는 소리가 나는 잠금장치가 달린 장화의 상표명이었던 것이다.

이 장화는 신고 벗는 데 편리해서 인기를 끌었다. 그러자 사람들은 점차 장화가 아니라 잠금장치 이름을 지퍼라고 생각하게 되었다. 우리나라 커피회사가 커피에 넣는 크림의 상표를 프림(프리마)이라고 했는데, 나중에 사람들이 프림을 곧 크림으로 생각하게 된 것과 같다. 이처럼 지퍼도 상표명이 곧 고유한 이름이 된 것이다.

지퍼가 옷에 본격적으로 적용된 것은 1930년대부터다. 프랑스의 디자이너가 부인용 드레스에 지퍼를 달아 팔아서 대성공을 거뒀고, 지퍼가 달린 남성복 바지도 세상에 나왔다. 이후 지퍼는 제1차 세계대전 동안 군인들의 점퍼, 군화, 가방 등에 다양하게 사용되었다. 오늘날에는 우주인의 우주복처럼 공기가 통과해서는 안 되는 옷에도 지퍼가 사용되고 있다.

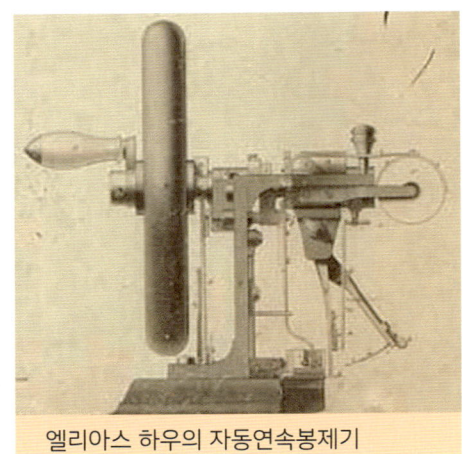
엘리아스 하우의 자동연속봉제기

한편 저드슨이나 순드바크를 '지퍼의 아버지'라고 하지는 않는다. 그들보다 먼저 지퍼의 원리를 생각한 사람이 있었기 때문이다. 1851년 재봉틀을 발명한 미국인 엘리아스 하우다. 재봉틀의 초기 모습이라 할 수 있는 그의 '자동연속봉제기'에 기본 원리가 포함되어 있다.

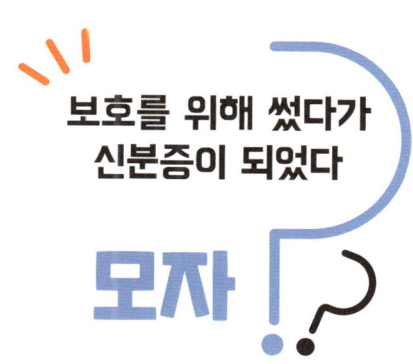

보호를 위해 썼다가 신분증이 되었다
모자

"거기에는 어떤 사람들이 살고 있지?"
앨리스가 물었다.
"저쪽에는 모자장수가, 이쪽에는 3월 토끼가 살아."
그러자 체셔 고양이가 오른발을 휘저으면서 이렇게 대답했다.
"어느 쪽이나 마음 내키는 대로 가 봐. 어느 쪽이나 미치광이들이 살고 있으니까."
앨리스가 찡그리며 말했다.
"그렇지만 난 미친 사람들과는 만나고 싶지 않은걸."
체셔 고양이는 어깨를 으쓱했다.
"그것은 어쩔 수 없는 일이야. 여기 사는 동물이나 사람들은 모두 미쳤으니까. 나도 너도 모두 제정신이 아니거든."

앨리스는 줄이 달린 회중시계를 가진 흰 토끼를 따라 나무 밑 세상으로 갔다. 그곳은 이상한 사람들과 동물들이 이상한 말과 행동을 하는 이상한 세계였다. 어디로 가야 할지 길을 잃은 앨리스는 체셔 고양이에게 길을 물었다. 그러자 체셔 고양이는 3월 토끼(March hare)와 모자장수(Hatter)가 미쳤다고 말했다.

《이상한 나라의 앨리스》의 '모자장수와의 티파티'

먼저 토끼는 2~3월마다 암컷을 차지하려고 수컷들끼리 싸운다. 영국에서도 3월이면 들판 여기저기에서 권투경기를 하는 사람처럼 서서 앞발로 싸움을 하는 토끼를 볼 수 있었다. 그래서 영국 사람들은 3월이 되면 토끼가 사납고 괴팍해진다고 생각했다. 그런데 모자장수는 왜 미쳤다고 한 것일까?

19세기 유럽은 남성과 여성, 어른과 아이를 가리지 않고 모자를 썼다. 그런데 이런 모자는 펠트 천으로 만들었다. 문제는 펠트 천을 만들 때 질산수은이라고 하는 약품을 사용한다는 것이었다. 양털실을 질산수은으로 가공하는 과정에서 수은증기가 발생했고, 모자를

19세기 영국의 모자들

만드는 사람들은 수은증기에 중독되었다. 수은증기에 중독된 사람들은 눈이 안 보이거나 귀가 안 들리게 되었고, 심하면 정신이상이 되기도 했다.

《이상한 나라의 앨리스》를 쓴 루이스 캐럴이 살던 영국의 체셔 지역은 모자를 제조하는 게 주요 산업이었다. 1884년 한 해에만 모자를 600만 개나 수출했다고 한다. 모자를 사려는 사람이 그만큼 많았다는 의미다. 그러다 보니 영국에는, 특히 모자를 만드는 공장이 많은 지역에는 수은중독으로 장애를 겪는 사람들이 많았다. 하지만 사람들이 아무리 아파도 14세기부터 커진 모자에 대한 사랑은 사그라지지 않았다. 오히려 시간과 환경에 따라 모자의 틀과 챙에 변화를 주면서 점차 멋과 개성을 드러내는 패션아이템이 되어 갔다.

　이렇듯 영국이나 유럽이 모자를 사랑했지만, 가장 먼저 모자를 생활에서 다양하게 쓴 건 고대이집트 사람들이었다. 기원전 3200년경, 이집트의 고대도시 테베에 있는 피라미드 벽화를 보면 원뿔 모양 밀짚모자를 쓴 사람들을 볼 수 있다. 또한 고대이집트 사람들은 왕에서부터 평민까지 신분에 맞는 모자를 썼다. 고대이집트의 신들도 저마다의 모자를 썼다. 또 황금, 타조깃털, 밀짚 등 다양한 재료로 모자를 만들었다. 사막지방의 햇살로부터 머리를 보호하기 위해 쓰기 시작한 모자가 신분을 드러내는 신분증이 된 것이다.

　그런데 1892년 프랑스의 브라상푸이 지역의 파프동굴에서 구석기 시대의 유물이 발견되었다. 약 2만 5,000년 전의 것으로 보이는 이 유물은 두건을 쓴 여성의 머리 조각상이었다. 사람들은 이 유물에

'브라상푸이의 비너스'라는 이름을 붙였다. 이 조각상은 오늘날 모자와는 다르지만, 햇살과 바람, 추위로부터 머리를 보호하기 위해 머리에 무언가를 썼다는 것을 보여줬다.

브라상푸이의 비너스

1991년 9월에는 오스트리아와 이탈리아 국경의 알프스 산속에서 미라가 발견되었다. 얼음 속에서 발견되었기 때문에 외치(Ötzi), 즉 '아이스맨'이라고 불렀다. 연구결과 미라는 기원전 3400년경 사람이었다. 그 주변에는 화살, 화살촉, 구리로 만든 도끼, 칼과 칼집 등 다양한 것들이 있었다. 그리고 동물가죽으로 만든 모자도 있었다. 추위로부터 체온을 보호하기 위해 썼던 것으로 보인다. 결국 고대이집트 이전에 인간이 모자를 쓰고 있었다는 증거였다.

외치의 동물가죽 모자

③ 살거리의 시작

우리는 언제부터 누리게 되었을까?

고유의 건축물 없이는
문명의 영혼도 없다.

프랭크 로이드 라이트

Without an architecture of our own
we have no soul of our own civilization.

- Frank Lloyd Wright -

고대로마의 집단거주지 아파트?

기원전 146년이었다. 기원전 264년에 시작되어 120년이나 끌었던 포에니전쟁이 끝났다. 전쟁의 결과는 로마의 승리였다. 덕분에 로마는 아프리카대륙 북서쪽을 차지하고 있던 카르타고(오늘날 이집트 지역)를 멸망시키고 지중해를 완전히 차지하게 되었다.

이제 로마로 많은 물자가 몰려들었고, 그와 함께 먹고살기

고대로마의 도시 지도

위해 사람들도 모여들었다. 그러자 문제가 생겼다. 인구가 늘어난 만큼 사람들이 살 집이 많이 필요했다.

"시내에서 일하려면 도시 밖에서 살 수는 없어."

시간을 아끼려면 도시 안에서 살아야 했다.

"성 밖은 도적이나 적군의 침입에 위험해."

성안에 살아야 군인들로부터 보호를 받을 수 있었다.

"집이 모자라니 집값을 올려라."

집을 가진 돈 많은 사람들은 집값을 올렸다. 그러자 땅값이 덩달아 올랐다. 집은 여전히 부족했다.

"같은 면적의 땅으로 더 많은 집세를 받으려면 더 좁고 더 높게 지으면 되지 않을까?"

땅이 있고 돈이 많은 사람들이 아이디어를 냈다.

그들은 1~2층이었던 주택을 더 높이 올렸다. 층을 높여도 무너지지 않도록 진흙벽돌과 콘크리트로 벽을 세웠다. 층마다 긴 복도를 만들고 공간을 쪼개고 쪼개 여러 개의 방을 만들었다. 그리고 각 방을 집 없는 사람들에게 집세를 받고 빌려주었다. 또 1층에는 술집과 음식점이 들어섰다. 위층에 사는 사람들에게 음식과 술을 팔았다.

건축업자들은 더 많은 돈을 벌기 위해 더 높이 지었다. 하지만 높은 층은 물을 쓰기도 어렵고 올라가기도 힘들었다. 또 화장실은 1층에만 있는 공동화장실을 사용해야 했다. 층이 올라

고대로마의 공동주택, 인술라

갈수록 방의 개수도 적었다. 대신 집세가 쌌다. 그래서 가난한 사람이 맨 꼭대기층에 살았다. 꼭대기층 집에는 할아버지에서 손자, 손녀까지 하나의 방에서 살기도 했다.

포에니전쟁 전 로마의 집들은 대부분 1~2층짜리 단독주택이었다. 귀족들은 네모난 정원을 한가운데 두고 그 둘레를 따라 지은 집에 살았다. 이런 귀족들의 고급주택을 도무스(Domus)라고 했다. 그런데 전쟁 후 사람들이 모여들었다. 더구나 이들은 일거리를 찾아 로마로 온 가난한 평민들이었다. 이들은 도무스를 살 돈도 없었고, 돈이 있다고 해도 땅도 집도 모자랐다. 그래서 집을 쪼개고 층층이 높이 쌓았다. 인술라(Insula)라고 하는 공동주택이었다. 오늘날 우리들의 집과 비교해 봤을 때 긴 복도를 따라 집들이 늘어서 있는 것을 생

귀족들이나 부자들의 고급 단독주택, 도무스

각하면 복도식 아파트와 같고, 대부분 방 하나였던 것을 생각하면 원룸이나 오피스텔과 같다. 아파트와 같은 공동주택이 탄생한 것이다.

인술라는 한정된 땅에 많은 사람들이 살게 해 주었다. 오늘날 아파트로 인해 서울에 많은 사람들이 살 수 있게 된 것과 같다. 그런데 인술라가 계속 지어졌지만, 늘어나는 인구보다는 수가 적었다. 그러자 인술라는 9층, 나중에는 10층까지 올라갔다. 집세도 자꾸만 비싸졌다. 돈을 벌어도 집세를 내고 나면 먹을 것을 사지 못할 정도로까지 비싸졌다. 그러자 원로원이 나서서 집세를 더 이상 올리지 못하도록 정했다. 또 가난한 사람들이 1년 동안 집세를 내지 못해도 쫓겨나지 않도록 법을 고쳤다. 하지만 집주인들은 관리들의 감시를 피해 올린 집값을 받았고, 집세를 못 내면 쫓아내기도 했다.

로마제국 이후로도 인슐라와 같은 공동주택은 평민들의 집이었다. 귀족이나 부자들은 로마제국 때와 마찬가지로 큰 저택에서 살았다. 그러다 18세기 산업혁명 이후부터 아파트와 같은 공동주택이 본격적으로 주목을 받게 되었다. 증기기관의 발명으로 시작된 산업혁명은 시골과 농업 중심의 사회를 도시와 공업 중심의 사회로 변화시켰다. 귀족들의 땅을 빌려서 농사를 짓던 사람들이 도시로 몰려와

산업혁명으로 공장이 있는 도시로 몰려든 사람들은 다닥다닥 붙은 공동주택에 살았다.

공장에서 일했다. 하지만 공장은 공장 주인들의 배는 불려 주었지만, 그 안에서 일하는 노동자들은 더욱 가난하게 만들었다. 로마시대와 마찬가지로 돈과 땅이 있는 부자들은 작은 면적으로 많은 돈을 벌기 위해 공동주택을 지었고, 공장노동자들에게

20세기 뉴욕의 아파트

비싸게 빌려주었다. 공동주택은 로마시대처럼 또다시 가난한 사람들이 모여 사는 곳이 되었다.

이처럼 고대부터 20세기까지 공동주택 아파트는 가난한 사람들의 집이었다. 그러나 사회가 도시 중심으로 변하면서 아파트는 이제 모두를 위한 집이 되었다.

세계적인 건축가 가우디가 설계한 아파트, 카사밀라

인류가 쌓아 온
모든 지식의 창고
도서관

　기원전 332년 가을, 마케도니아의 왕 알렉산드로스 대왕은 북아프리카 이집트에 도착했다. 그때 그곳은 페르시아의 지배를 받고 있었다.
　"오, 알렉산드로스 대왕이시여! 페르시아의 지배로부터 벗어나게 해 주소서."
　알렉산드로스 대왕은 그들의 소망을 이뤄 주었다. 페르시아를 이집트에서 내쫓아 버린 것이다.
　"알렉산드로스 대왕이시여! 우리의 왕이 되어 주소서."
　알렉산드로스 대왕은 또다시 그들의 바람을 이뤄 주었다. 이집트의 파라오가 된 것이다.
　그러자 이집트 사람들이 말했다.

"파라오께오서는 사막에 가서 위대한 신 아몬의 음성을 듣고 오셔야 합니다."

알렉산드로스 대왕은 그들이 원하는 대로 사막으로 갔다. 그리고 그곳에서 이집트 신 아몬의 음성을 들었다.

"알렉산드로스, 나 아몬의 진정한 아들아."

알렉산드로스가 신에게 물었다.

아몬 신(왼쪽)과 투탕카멘 왕

"위대한 신이여! 앞으로 나는 무엇을 해야 합니까?"

"파로스 섬이 있는 곳으로 가 위대한 도시를 세워라."

사막에서 돌아온 알렉산드로스 대왕은 사람들에게 말했다.

"파로스 섬이 있는 곳에 도시를 세울 것이다. 그리고 그 도시에 이제껏 볼 수 없었던 최고의 교육기관을 세울 것이다. 또한 그 안을 세상의 학자들을 매혹시킬 책들로 가득 채울 것이다. 그리하여 도시는 세계 학문의 중심지가 될 것이다."

"그러면 도시 이름을 무엇이라 하실 것이옵니까?"

사람들이 물었다.

"나의 이름을 따 알렉산드리아라 할 것이다."

기원전 320년경 알렉산드로스 대왕의 제국과 알렉산드리아 위치

지금으로부터 약 2,400년 전, 오늘날의 이집트 수도 카이로에서 북서쪽으로 210킬로미터 떨어진 곳에 도시가 건설되었다. 알렉산드리아다. 그곳은 지중해를 바라보고 나일강과 가까워서 해군을 키우거나 무역을 하는 데 유리한 항구였다. 게다가 지중해를 사이에 두고 그리스의 아테나와 마주 보고 있었다.

알렉산드로스 대왕은 오늘날 그리스가 있는 발칸반도의 북쪽 마케도니아의 왕으로 시작해 제국의 주인이 된 사람이다. 그런 의미에서 알렉산드리아는 대왕의 고향과 가까웠고, 이미 크게 발달한 그리스의 학문과 예술을 받아들이기에도 적합했다.

또 알렉산드로스 대왕은 점령한 지역의 고유문화를 무시하거나 없애려 하지 않았고, 오히려 좋은 점을 받아들여서 자신의 그리스 문화와 통합했다. 알렉산드리아에서도 이집트 문화뿐 아니라 그리스와 페르시아의 문화를 조화롭게 발전시켰다. 그 덕분에 알렉산드리아는 학문과 예술, 무역과 상업의 중심지가 되었다. 세계 각지의 학자들, 예술가들, 상인들, 그리고 인류가 그동안 쌓아 올린 온갖 지식들이 모여들었던 것이다.

그라나다 출신 여행가 아부 하미드 알 가르나티가 그린 파로스 섬의 등대(12세기)

도시가 건설된 후에는 알렉산드리아에 왕의 명령으로 인류 최초의 도서관도 문을 열었다. 그러나 정작 도서관 문을 열어젖힌 왕은 알렉산드로스 대왕이 아니었다. 알렉산드로스 대왕의 명령으로 이집트 지역을 통치했던 프톨레마이오스 1세 때 건물을 짓기 시작했고, 그의 아들 프톨레마이오스 2세 때 마침내 문을 열었다.

프톨레마이오스 2세는 도서관의 이름을 '알렉산드리아 대도서관'이라고 했다. 이 도서관에는 알렉산드로스 대왕 때부터 도시를 오가던 무역상인들, 뱃사람들, 학자들에게 수집한 자료들과 책들이 보관

되었다. 특히 알렉산드리아 대도서관에 보관된 책의 수는 50만 권이 넘었다. 어떤 학자는 70만 권이 넘을 거라고 주장하기도 한다. 그 내용들은 천문학, 서사문학, 기상학, 철학, 신학, 자연학, 의학,

<알렉산드리아를 건설하는 알렉산드로스 대왕>
(1736), 플라치도 콘스탄지

화학 등 다양했다. 그 수준 역시 지금의 우리가 상상할 수 없을 정도로 높았다.

그런데 교통시설도 좋지 않고 온라인서점도 없던 때에 어떻게 그 많은 책들을 한곳에 모을 수 있었을까? 그것은 프톨레마이오스 1세의 노력 때문이었다. 일찍이 알렉산드로스 대왕은 알렉산드리아를 문화와 학문의 도시로 만들고자 했다. 프톨레마이오스 1세는 그 뜻을 이어받아 학자들을 후원했다. 그리고 닥치는 대로 책을 모았다.

알렉산드리아 대도서관을 상상한 19세기 그림

유클리드
(기원전 325~기원전 265)

아르키메데스
(기원전 287~기원전 212)

다양한 책을 구하기 위해 누구라도 알렉산드리아에 들어올 수 있게 해줬고, 처음 본 책이 있으면 큰돈을 주고라도 무조건 사들였다. 그의 아들 프톨레마이오스 2세는 그렇게 쌓인 책들을 분야별로, 시기별로, 나라별로, 작가별로 도서관 안에 비치했다. 그 결과 알렉산드리아 대도서관은 서로 다른 문화들이 서로에게 좋은 영향을 주고받으며 발전하는 공간이 되었다.

그리스의 의학자였던 헤로필로스는 도서관 내부에 의학교를 세웠다. 그리스에서는 인체해부가 금지였지만, 이집트에서는 가능했기 때문이다. 아테네의 내과의사들이 알렉산드리아에서 연구하길 원할 정도였다. 고대부터 미라를 만들어 왔기 때문이었다.

기하학의 창시자 유클리드도 알렉산드리아 대도서관에서 연구하던 사람 중 하나였다. 인류 최초로 지구가 태양 주변을 돈다는 것을 발견한 아리스타르코스도 알렉산드리아 대도서관의 단골손님이었다. 지구의 원주를 측정해 낸 에라토스테네스도, 물의 부력을 알아내는 실험에서 '알아냈다'란 뜻의 "유레카!"를 외친 수학자 아르키메데스도 알렉산드리아에서 연구했다.

그러나 세월이 흐르고 프톨레마이오스 왕조가 쇠퇴하자 많은 게 변했다. 특히 다른 문화를 인정하던 태도가 자기 것만 옳다고 고집하는 것으로 변했다. 학문과 예술을 연구하던 도서관은 단순한 책 창고가 되었다. 기원전 47년에는 카이사르와 폼페이우스의 싸움으로 화재도 났다. 고대의 역사가 플루타르코스의 기록에 의하면 카이

알렉산드리아 세라피움 유적

사르가 낸 불이 항구에서 알렉산드리아 도서관까지 번졌다고 한다. 이후 재건되기도 했지만, 결국 640년경 아랍민족 사라센이 침입하면서 완전히 사라지고 말았다. 전설에 따르면 아랍의 왕들이 알렉산드리아 도서관의 모든 책들을 불태워 버리라고 명했다고 한다. 지금 이

아바스 왕조의 바그다드 왕립도서관(12세기)

집트에는 본관의 저장공간이 부족해서 소장품 일부를 옮겨 보관하던 별관 세라피움의 유적만 겨우 남아 있다.

고대이집트 이후 도서관은 왕과 귀족들, 그리고 교회만을 위해 운영되었다. 일반인들도 도서관을 이용할 수 있게 된 것은 미국 독립의 아버지 벤저민 프랭클린이 회원제 도서관을 만들면서부터다.

차를 마시며 예술을 창조하다
카페

1675년 12월 29일, 새해를 이틀 앞둔 날이었다.
잉글랜드의 찰스 2세는 온 나라에 법령을 공표했다.

<커피하우스 폐쇄를 위한 명령서>

1676년 1월 10일부터
잉글랜드 안에 있는
모든 커피하우스를 폐쇄한다.

- 찰스 2세 -

"폐하, 커피하우스를 폐쇄하신다니요?"
귀족들이 놀라서 물었다.

그러자 찰스 2세는 불만 가득한 얼굴로 말했다.

"커피하우스에 많은 사람이 몰린다는 것은 경들도 알고 있을 것이오. 물론 겉으로는 사교나 모임을 위해서라지. 하지만 게으르고 불평불만이 많은 이들이 수다를 떠는 장소이지 않소? 그러니 정작 모여서 하는 일이란 게 '정치가 어떻네', '사회가 어떻네' 하며 불평하는 것뿐이라더군. 있어 봤자 도움이 될 게 하나도 없소."

귀족들은 반발했다.

"커피하우스는 신분을 가리지 않고 사람들을 만나 속을 터놓을 수 있는 모두의 장소입니다."

17세기 잉글랜드의 커피하우스 풍경

"그 바람에 정치에 대한 뜬소문만 퍼지고 있고 말이오. 급기야는 왕인 나의 명예까지 훼손되는 일도 빈번해졌소. 결국 커피하우스는 사회를 혼란하게 만들기만 할 뿐이오. 게다가 남자들이 커피하우스에서 밤새워 이야기하느라 집에 들어오지 않는다면서 여자들이 이렇게 탄원서까지 보내왔소."

찰스 2세는 자기 뜻을 굽히지 않았다. 그러나 이 소식이 알려지자 잉글랜드 전역에서 항의하는 시위가 일어났다.

"오늘도 시위가 벌어진 거요?"

찰스 2세는 밖에서 들리는 소리에 이마를 찌푸렸다.

"네, 지금 왕성 바로 앞에서 시위를 하고 있습니다."

"커피하우스 폐쇄명령을 취소해 달라는 거고?"

"그러합니다. 그런데 새해가 되면서 점점 더 많이 모이는 듯합니다. 이러다가는 성난 군중들이 성안으로 들어올 수도 있을 것 같습니다. 대책을 세우셔야 합니다."

찰스 2세는 골치가 아픈 듯 이마를 짚었다. 그리고 한참 만에 입을 열었다.

"하! 새로운 법령을 발표하겠소."

그러면서 다음과 같이 말했다.

"앞으로는 커피하우스에서 잡지나 신문들을 만들 수 없다. 단, 커피하우스를 폐쇄한다는 법령은 없었던 것으로 한다."

1650년 영국에 도착한 커피하우스는 13년 만에 런던 중심가에만 82개가 생겼다. 나중에는 스코틀랜드까지 퍼져나갈 정도로 인기를 끌었다. 그런데 1674년 찰스 2세 앞으로 탄원서가 날아들었다. '커피하우스 때문에 남성들이 집에 들어오지 않는다'는 것이었다.

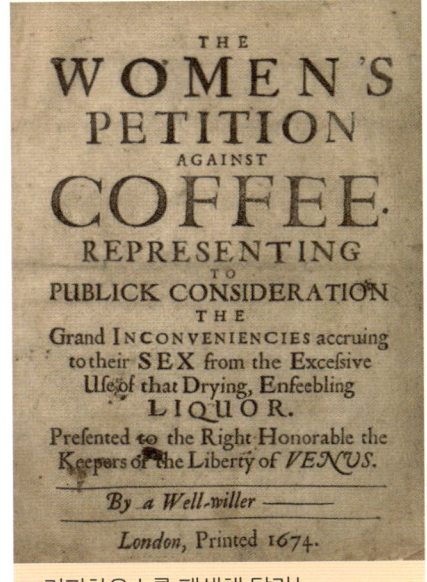

커피하우스를 폐쇄해 달라는 여성들의 탄원서(1674)

평소 커피하우스가 마음에 들지 않았던 찰스 2세는 이것을 기회로 여겼다. 1649년 의회를 무시하던 폭군 찰스 1세가 처형되면서 쫓겨난 왕자가 있었다. 그는 스코틀랜드와 프랑스로 도망쳤다가 나중에 돌아와 왕이 되었다. 그가 바로 찰스 2세다.

이런 과거 때문에 그는 쫓겨날 수 있다는 불안감을 항상 가지고 있었다. 그러니 커피하우스는 그에게 눈엣가시일 수밖에 없었다. 그곳에서는 왕이나 정치에 대해서 토론이 벌어졌고, 불평불만도 쏟아졌기 때문이다. 그래서 그는 스파이를 보내 누가 자신을 욕하는지 살펴보곤 했다. 하지만 커피하우스는 없앨 수 없었고, 겨우 커피하우스에서 오간 내용이 글자로 퍼지는 것만 간신히 막았다.

그럼 커피하우스, 즉 카페는 언제 처음 등장한 걸까? 세계 최초로 카페가 생긴 곳은 오스만제국의 수도 콘스탄티노플(이스탄불)이다. 에티오피아 고원에서 시작된 커피가 중동사람들에게 인기를 끌었기 때문이었다. 1475년에 문을 연 최초의 카페는 키바 한(Kiva Han)이라고 했다. 오스만제국 말로 '키바'는 커피고, '한'은 집이라는 의미다. 그런데 이곳 벽에는 이런 글귀가 쓰여 있었다고 한다.

> 내 마음이 커피나 커피하우스를
> 원하는 것이 아니오,
> 내 마음이 진정으로 원하는 것은 우정이오.
> 커피는 구실에 불과하오.

오스만제국의 커피하우스 풍경(19세기)

카페에서 열띤 토론을 벌이는 모습을 풍자한 18세기 프랑스 만화

상인들이 무역거래소처럼 이용했던 런던의 개러웨이 커피하우스

이렇게 시작된 카페는 지중해를 오가는 상인들과 함께 유럽으로 퍼져 나갔다. 이탈리아로 갔다가 영국으로까지 건너간 것이다. 프랑스에서는 영국보다 20년 늦은 1672년 파리에, 미국은 1671년 보스턴에 카페가 생겼다.

그 후로 카페는 사람들에게 세상의 이야기를 전해 들을 수 있는 곳, 다양한 아이디어를 주고받을 수 있는 곳으로 사랑받았다. 그러나 신문이 발달하면서 정보를 손쉽게 얻게 되자 정보와 토론을 위한 카페는 급속히 쇠퇴했다. 대신 차를 마실 수 있는 여유의 공간으로 바뀌었다.

정복자들의 자기자랑 욕심

동물원?

"각 지역의 유생들이 일전에 일본에서 선물로 준 코끼리를 죽여 달라고 하옵니다."

병조판서가 오늘 아침 올라온 상소문의 내용을 설명했다.

"이유가 뭐라 하더냐?"

태종이 물었다.

"위험한 동물을 가까이 두고 키워서는 안 된다고 합니다."

"코끼리가 위험한 동물이라는 것이냐? 내가 보기엔 그만큼 순한 생물은 없을 듯싶은데……."

"그것이……, 공조(工曹)에서 일하는 이우라는 자가 코끼리에 밟혀 죽은 일 때문인 줄로 아옵니다."

"뭐라? 이우가 코끼리에 밟혀 죽었단 말이냐?"

코끼리가 끄는 중국 명나라 황제의 수레

태종이 놀라서 목소리를 높였다.

"이우가 코끼리가 기이한 동물이라는 소문을 듣고 보러 갔는데, 그 생김새를 보고 못생겼다면서 침을 뱉으며 비웃었다 하옵니다. 그러자 침을 맞고 놀란 코끼리가 순식간에 달려들었다고 합니다."

"허, 지렁이도 밟으면 꿈틀하는 법이거늘 어찌 코끼리를 놀라게 하였는고. 유생들이 항의하는 것도 이해는 가나 어찌 코끼리만의 잘못이라 하겠느냐? 또한 일본에서 선물로 보내온 것이니 함부로 죽일 수도 없구나."

"하오나 사람을 죽였으니 법대로 처리하는 것이 옳을 것입니다. 다만 알고 그러한 것이 아니니 전라도 순천의 섬 장도로 유배를 보내는 것이 마땅할 것이옵니다."

"그리하라."

6개월 후 전라도에서 편지가 올라왔다.

"전하, 귀향을 간 코끼리가 밥을 먹지 않고 매일 울기만 한다 하옵니다."

"한낱 짐승이지만 고향을 떠나 사니 그러할 만하다. 유배를 풀고 육지에서 생활할 수 있게 보살펴 주어라."

이후로 코끼리는 전라도와 충청도를 오가며 살았다. 너무 많이 먹어서 한곳에서만 돌볼 수 없었기 때문이다.

우리나라에 코끼리가 처음 들어온 것은 조선의 세 번째 왕 태종 때인 1411년이었다. 일본 왕이 선물로 보내온 것이었다. 처음 본 코끼리는 희귀한 생김새와 거대한 덩치로 사람들을 놀라게 했다.

가장 좋은 것, 가장 맛있는 것, 가장 귀한 것, 가장 신기한 것은 당연히 왕의 몫이었다. 그래서 전국에서 진귀한 것들이 왕에게 바쳐졌다. 그 덕분에 조선의 왕들은 궁궐 안에 우리를 만들고 앵무새, 공작, 고니, 사슴들을 키울 수 있었다. 심지어 원숭이와 낙타도 있었다.

김홍도가 그린 <낙타를 탄 몽골인>

태종 때 온 코끼리는 애초에 일본이 조선 왕에게 바친 선물이었다. 당연히 왕이 살고 있던 궁궐에서 살아야 했다. 하지만 그러기에는 코끼리가 너무 컸다. 결국 코끼리는 다른 동물들이 있는 궁궐의 동물원이 아닌 가마나 수레를 끄는 말들을 관리하는 관청인 '사복시'로 보내졌다. 그러다 사고를 치고 유배를 가야 했지만…….

18세기 김주익이 그린 <어미와 새끼 원숭이>

인류는 동물과 함께 진화해 왔다. 특히 정착하고 농사를 지으면서는 동물들의 힘이 절대적으로 필요했다. 이때 동물은 삶을 살아가기 위한 도구이자 동반자였다. 그러나 인간사회에 계급과 권력이 생기자 일부 동물은 그 권력을 상징하는 존재가 되었다. 이런 동물은 야생을 빼앗긴 채 우리에서 살며 눈요기가 되어야 했다.

가장 오래된 동물원은 어디에 있었을까? 기원전 3500년경 고대이집트의 수도는 히에라콘폴리스(오늘날 카움알아흐마르)였다. 그런데 이 지역에 있는 귀족들의 무덤 근처에서 특이한 흔적이 발견되었다. 코끼리, 하마, 원숭이 등 112종 동물들의 뼈가 한 장소에서 한꺼번에 발견된 것이다. 그래서 학자들은 동물원이 귀족들의 볼거리로 만들어졌다고 주장했다.

오늘날처럼 일반인들에게 문을 연 동물원은 오스트리아 쉰브룬동물원이 처음이었다. 쉰브룬

이집트 피라미드 벽호-의 기린과 원숭이

동물원은 1752년 쉰브룬 궁전 안에 들어섰는데, 마리아 테레지아 황제의 남편 로트링겐 공 프란츠 슈테판이 아프리카를 여행하다가 수집해 온 동물과 식물을 궁전 안에 모아 두던서 시작되었다. 1765년 일반에 공개되면서 근대 동물원의 시초가 되었다. 19세기부터는 동물원이 세계 곳곳에 세워졌다. 이때의 동물원은 자기자랑이나 연구보다는 대중에게 관람을 시켜서 돈을 버는 게 목적이었다.

1765년 일반에 공가된 쉰브룬동물원

아이들의 천국
놀이공원

"유럽의 큰 제국 오스트리아도 황제가 직접 궁전에 동물원을 만들어 백성들에게 개방했습니다. 궁전이 황제나 황족만의 것이어서는 안 됩니다. 황제의 은혜를 백성들에게 보여 줄 수 있도록 동물원과 식물원을 궁에 들이십시오."

사내가 하는 말은 부탁이 아니었다. 강요였고 명령이었다.

황제는 고개를 절레절레 흔들었다.

그러나 어디까지나 속으로만 그러할 뿐이었다. 제국의 황제였지만 실제로 힘이 없었기 때문이다. 그런 힘은 궁을 내놓으라고 당당하게 요구하는 자에게 있었다.

1908년 봄, 경복궁 동쪽에 있는 궁에 도끼를 든 일꾼들이 몰려들었다. 조선 4대 왕 세종이 아버지 태종을 위해 지었고, 임진왜란 때 불타 버린 경복궁을 대신해 한동안 조선의 제1궁이었던 창경궁이었다.

얼마 후 사라진 건물 자리에 동물우리와 식물원, 놀이기구와 케이블카가 들어섰다. 기와지붕의 건물들 대신 일본식 정원과 서양식 건물이 세워졌다. 또 500년 세월을 견뎌온 나무들이 베어지고 벚나무가 빼곡하게 심어졌다. 이름도 창경원으로 바뀌었다.

1년 후 11월, 창경원으로 첫 문을 여는 날 모닝코트에 중절모와 지팡이까지 든 젊은 신사가 나타났다. 순종이었다. 하지만 창경궁을 내놓으라고 협박했던 사내는 나타나지 않았다. 아니, 나타날 수 없었다. 바로 닷새 전에 만주 하얼빈에서 안중근이라는 청년에게 암살당했기 때문이다.

동물우리와 놀이기구로 가득했던 창경원 시절의 창경궁

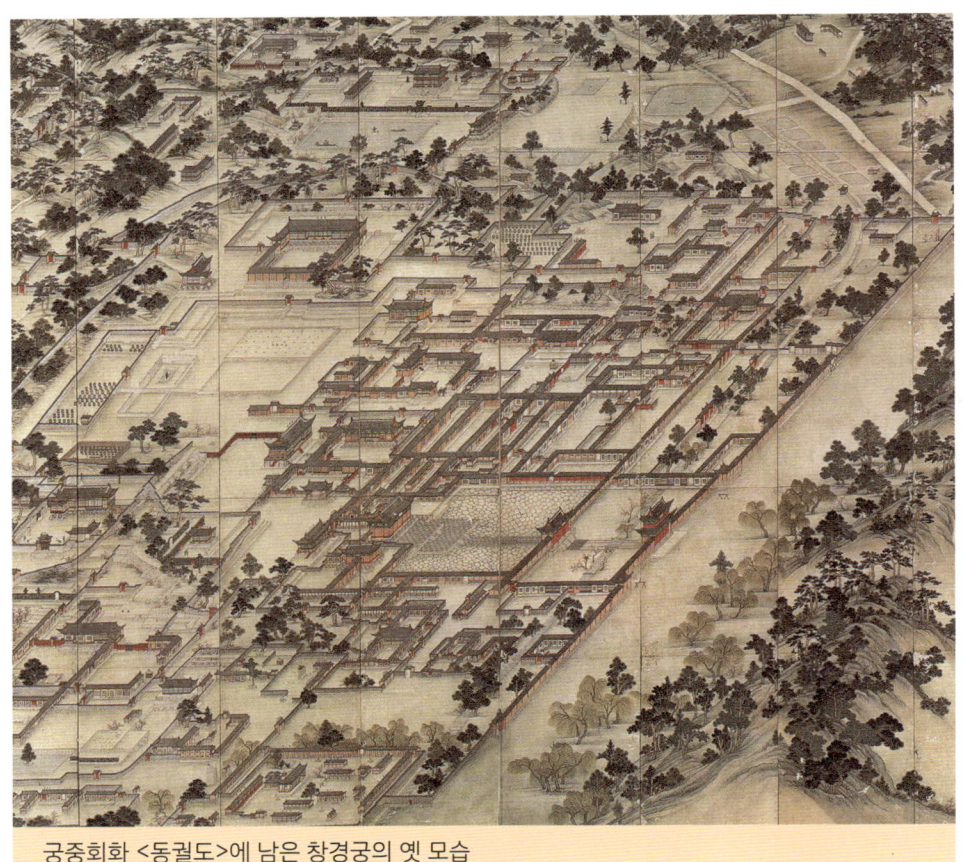
궁중회화 <동궐도>에 남은 창경궁의 옛 모습

　예전에 놀이공원은 놀이공원일 뿐 아니라 동물원이기도 했고, 식물원이기도 했고, 소풍장소이기도 했다. 그런 의미에서 우리나라 첫 놀이공원은 지금은 없어진 '창경원'이다. 일본 제국주의는 1905년 우리의 외교권을 빼앗고(을사조약), 1907년 고종을 끌어내리고 순종을 황제에 올린 것도 모자라 군대를 해산하고 경찰권과 사법권까지 빼앗았다(정미7조약). 그러자 전국에서 의병이 들고일어났다.

초대 통감으로서 조선 침탈의 주역인 이토 히로부미는 대한제국 백성의 관심을 끌 만한 것을 찾았다. 그것은 유원지, 바로 놀이공원이었다. 또 황실의 궁궐을 놀이공원으로 만들어서 대한제국의 품격을 떨어뜨리려 했다.

창경궁은 1984년이 되어서야 원래의 이름과 역할을 되찾았다. 창경원에 있던 동물들은 과천서울대공원으로 옮겨갔고, 놀이기구는 허물어졌으며, 벚나무는 거의 다 베어졌다. '창경궁 복원계획'에 따라 과거의 모습과 비슷한 조선의 건물들이 다시 세워졌다. 그리고 마침내 1986년 독립국의 떳떳한 국민이 된 후손들과 다시 만났다.

그러면 놀이공원은 어느 나라에서 시작되었을까? 16세기 유럽에는 야외에서 연극을 보고 광대의 재주를 보는 놀이문화가 있었다. 그러다 18세기의 영국은 여기에다가 높은 미끄럼틀, 회전목마, 야외극장, 미로까지 즐길 수 있게 했다. 그중에서도 가장 인기 있던 건 미로였다. '미로 있습니다'라는 간판을 놀이공원 입구 맨 앞에 세워 둘 정도였다.

지금 우리가 알고 있는 놀이공원의 시작은 1843년 8월 15일 덴마크 코펜하겐에 개장한 '티볼리공원'이다. 놀이공원 아이디어를 처음 낸 사람은 게오르그 카르스텐센이었다.

1890년대 티볼리공원의 입구

게오르그 카르스텐센

그는 동양적인 분위기의 조명과 불꽃놀이를 곁들인 행사를 자주 열었다. 그러다 "이런 것들을 항상 볼 수 있는 곳이 있었으면……." 하는 꿈을 품었다.

"국민이 즐거우면 정치 같은 것은 잊을 것입니다."

그는 덴마크 왕 크리스티안 8세를 찾아가 설득했고, 전쟁으로 골치가 아팠던 왕은 그의 제안을 받아들였다. 게오르그의 티볼리공원은 동양풍의 건물, 야외음악당, 극장, 식당, 카페, 꽃밭, 놀이기구를 갖췄다. 또 밤에는 색색의 전등으로 환상적인 분위기를 연출했다.

훗날 미국의 사업가 월트 디즈니는 몇 번이나 티볼리공원을 찾아가서 영감을 얻었다. 그리고 도널드 덕, 미키마우스, 피터팬, 이상한 나라의 앨리스 같은 캐릭터들과 동화를 엮어 세계 최고의 놀이공원 디즈니랜드를 탄생시켰다.

1950년대 티볼리공원

현대인의 욕망을
한곳에 모으다

백화점 !?

드니즈는 한 손으로 어린 페페를 꼭 잡고 있었고, 장이 그 뒤를 따라왔다. 세 남매는 기차여행으로 인해 지칠 대로 지쳐 있었다. 게다가 거대한 파리 한가운데서 헤매는 바람에 겁까지 잔뜩 집어먹고 있었다.

그때였다.

"어머나! 저것 좀 봐, 장!"

아버지 장례식 때 입었던 낡디낡은 검은색 옷을 고쳐서 입고 있던 장이 얼어붙은 것처럼 섰다.

"저건 백화점이잖아!"

'여인들의 행복백화점'의 모델인 '봉 마르셰 백화점'

봉 마르셰 백화점의
외부(1903년, 위)
내부(1920년, 아래)

세 남매 눈앞에 있는 것은 미쇼디에르 거리와 뇌브생토귀스탱 거리가 만나는 곳에 위치한 거대한 백화점이었다. 최신 유행의 천들과 옷들을 진열해 놓은 쇼윈도는 부드럽고 희뿌연 10월의 대기 속에서 생생하고 화려한 색깔들로 빛나고 있었다.

"아! '여인들의 행복백화점'이라니……."

장이 부드러운 미소를 띤 채 말했다.

"백화점 이름이 정말 근사하지 않아? 이름만 보고도 사람들이 구름처럼 몰려오겠는걸!"

맏이인 드니즈는 정문 앞 진열대에 넋을 잃었다.

모직과 나사로 된 옷들, 메리노 양모, 체이빗 양털, 메턴으로 짠 옷 등이 2층에서부터 아래로 마치 깃발처럼 늘어져 있었다. 청회색, 마린블루, 올리브그린 등의 중간 색깔들 사이로 새하얀 가격표가 두드러져 보인다.

그 옆에는 정문을 에워싸듯 걸려 있는 드레스 장식끈과 러시아산 회색다람쥐 등으로 만든 모피, 순수한 눈을 닮은 백조 배의 깃털로 만든 모자, 토끼털로 만든 하얀색 목도리가 지나가는 사람들의 눈길을 끌고 있었다.

프랑스 작가 에밀 졸라가 쓴 소설 《여인들의 행복백화점(Au Bonheur des Dames)》에서 백화점을 묘사한 장면이다. 이 책이

1883년에 출판된 것을 생각하면 현실에서는 이미 백화점이 존재하고 있었다는 것을 추측할 수 있다. 실제로 에밀 졸라는 프랑스 파리에 있는 대형 백화점을 모델로 이 책을 썼다. 바로 '봉 마르셰 백화점'이다. 봉은 '좋은(Bon)'. 마르셰는 '시장(Marché)'을 뜻한다.

봉 마르셰 백화점을 키운 부시코 부부

1852년 아리스티드 부시코는 아내와 함께 파리 시내에 작은 잡화점을 열었다. 부부는 깎아 주는 일 없이 정해진 가격에 파는 '정찰제'와 싼 가격에 많은 물건을 팔아 이익을 챙기는 '박리다매'로 손님들에게 신뢰를 쌓았다. 그런 다음 1860년에 드레스에서 신발에 이르기까지 온갖 상품을 파는 백화점으로 발전시켰다. 세계 최초의 백화점 봉 마르셰가 탄생한 것이다.

봉 마르셰에는 먹을 것, 입을 것은 물론이고, 생활에 필요한 온갖 상품들이 한데 모여 있었다. 가격표가 있어서 쉽게 비교할 수 있었고, 원하면 옷을 입어 보거나 모자를 써 볼 수 있었다. 교환이나 환불도 가능했다. 또 카페와 음식점까지 있었다.

한편 영국은 지금도 1830년에 백화점이 이미 있었다고 주장하고 있지만, 기록이 없어서 증명할 방법이 없다. 공식적으로 영국 최초의 백화점은 1863년에 문을 연 윌리엄 화이틀리의 백화점이다.

우리나라 최초의 현대식 백화점은 1930년 경성(서울) 명동에 문을 연 미쓰코시백화점이다. 일본의 백화점 기업 미쓰코시가 지점을 낸 것이었다. 그리고 1년 뒤 1931년 우리나라 사람이 백화점을 열었다. 종로2가에 있었던 화신백화점(오늘날 종각역 사거리)이다. 안타까운 점은 화신백화점 사장이 친일반민족행위자라는 점이다. 사장 박흥식은 일제강점기 때 대표적인 조선인 재벌이다. 그런데 조선비행기공업주식회사를 설립해 일제의 침략전쟁을 적극적으로 도왔다고 한다.

광복 후 미군의 물품판매점 PX로 운영된 미쓰코시백화점
(오늘날 신세계백화점)

순례자들을 위한 숙소 호텔

"오늘 저녁 식사는 무엇으로 하시겠습니까?"

"내가 무엇을 좋아하는지는 나보다 자네가 더 잘 알고 있지 않나? 자네가 알아서 준비해 주게."

앨버트 왕자는 메뉴판은 쳐다보지도 않고 말했다. 앨버트가 자네라고 부른 사내는 호텔 지배인 리츠였다.

"넘치는 칭찬이십니다. 단지 여러 번 방문하셨으니 왕자님께서 좋아하시는 것을 기억하게 되었을 뿐입니다."

"그게 다 자네가 신경을 쓰고 관심을 가진 덕분이겠지. 나로서는 고마운 일이고 말이야. 아무튼 난 자네가 골라 준 대로 먹겠네. 내 입맛에 맞는 저녁일 테니 말일세."

리츠는 공손하게 인사를 하고 물러나 주방장에게 앨버트 왕자가 좋아할 만한 메뉴를 선택해 알려 주었다.

식사가 끝난 후 리츠가 앨버트 왕자에게 물었다.

"왕자님, 식사는 어떠셨습니까?"

"대단히 맛있었네. 역시 자네는 최고의 호텔리어야. 자네가 있는 호텔은 왕을 위한 호텔이고 말일세."

"고맙습니다. 실제로 '손님은 왕'이시죠. 그런데 왕자님, 더는 이곳에서 뵙지 못할 것 같습니다."

"못 본다니 그게 무슨 소린가?"

"이곳을 나가 직접 호텔을 운영해 볼 계획입니다."

"오! 그렇다면 문제 될 거 없네. 나는 자네 호텔의 단골이 될 테니 말일세. 리츠, 자네가 간다면 나도 가야지 않겠나?"

1901년 파리에서 문을 연 '호텔 리츠 파리'와 세자르 리츠

<호텔 리츠 파리에서 열린 가장무도회>(1909), 라이문도 마드라조

　호텔리어는 호텔과 같은 숙박시설을 운영하거나 그곳에서 일하는 사람을 가리키는 말이다. 세자르 리츠는 '호텔리어의 왕', '왕들의 호텔리어'라고 불린 사람이다.

　리츠는 젊은 시절부터 호텔에서 일하면서 많은 경험을 했고, 그 경험을 바탕으로 자신의 호텔을 파리와 런던에 열었다. 한 사람이 자신의 돈으로 이곳저곳에 같은 이름의 호텔을 운영하는 호텔체인의 시대를 연 것이다. 리츠 호텔은 이후 세계적인 호텔체인 '메리어트 인터네셔널'로 성장했다.

원래 호텔이란 말은 고대로마의 언어인 라틴어로서 나그네나 손님을 뜻하는 '호스페스(Hospes)'에서 시작되었다. 이후 중세에 와서 '순례자들을 위한 숙소'라는 뜻을 가진 '호스피탈레(Hospitale)'가 되었고, 오늘날 여행자들을 대접한다는 의미를 가진 '호텔(Hotel)'이 되었다.

호텔의 기원은 고대그리스와 올림픽에서 찾을 수 있다. 고대올림픽 경기를 보기 위해 관람객들이 몰려들었고, 이들이 먹고 잘 수 있는 장소가 필요했다. 중세 때에는 성직자들과 멀리 이동하며 장사를 하는 상인들이 이런 숙소를 이용했다. 그러다 17~18세기 산업혁명으로 도시가 발전하고 자동차가 발명되면서 여행을 즐기는 사람들이 많아졌다. 돈을 쓸 수 있는 부유한 사람들도 많아졌다. 그러자 숙소들이 연회장, 공연장 등을 갖췄다. 방들도 고급스럽게 바꿨다. 이렇게 해서 탄생한 고급 호텔 중 최초는 미국 보스턴에서 문을 연, 그리고 영국의 소설가 찰스 디킨스가 사랑한 '트레몬트하우스(Tremont House)'다. 물론 당시 호텔의 손

최초의 고급 호텔 트레몬트하우스

님은 귀족과 부유층이었다. 리츠의 단골손님이었던 앨버트 왕자도 그들 중 한 사람이었다. 리츠는 "손님은 왕"이라고 했지만, 실제로는 손님이 진짜 왕이었던 것이다. 앨버트 왕자는 빅토리아 여왕의 아들이었고, 후에 여왕의 뒤를 이어 왕이 된 에드워드 7세였다.

여행자들의 숙소이자 술집이었던 17세기 여관

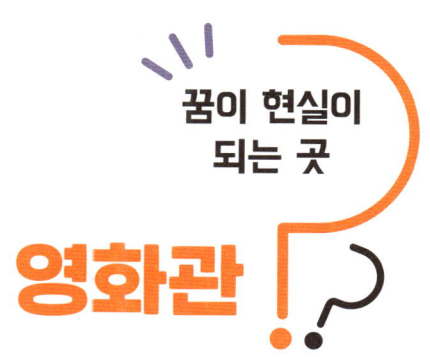

꿈이 현실이 되는 곳

영화관

<활동사진 상영 광고>

동대문에 있는 전기회사 기계창고에서
활동사진을 상영합니다.
일요일과 비 오는 날을 제외한
매일 저녁 8시부터 10시까지 계속됩니다.
활동사진의 내용으로는 대한제국과
미국 및 유럽 각국의 생생한 도시,
각종 극적인 사건장면,
아름다운 풍경이 준비되어 있습니다.

※ 입장요금 : 동화 10전

최초의 영화에는 소리가 없었다. 그래서 사람들은 움직이는 그림, '모션픽처(Motion Picture)'라고 했다. 그리고 일본은 이것을 '활동사진'이라고 번역했고, 우리나라에도 활동사진으로 전해졌다.

우리나라에서 일반사람들이 처음 영화를 본 건 <황성신문>에 광고가 실린 1903년쯤이 아닐까 추측한다. 광고를 낸 곳은 전차(電車)사업을 하는 한성전기회사였다. 영상으로 전차를 보여주고 친근하게 만들려는 목적이었다. 하지만 기차가 역에 들어오는 장면에서 관객들은 비명을 지르며 피했고, 불을 때는 장면에서는 자기 자리에 불이 옮겨붙지 않을까 노심초사했다. 또 스크린 속 움직임을 도저히 이해할 수 없어 무대 앞으로 가서 스크린을 들춰 보기도 했다.

1903년 6월 23일자 <황성신문>의 활동사진 광고

대한제국 시절 한성 시내를 오갔던 전차

이때 상영된 영상은 짧은 단편 다큐멘터리였고, 장소도 영화관이 아니라 전기회사의 기계창고였다. 진짜 영화관은 1907년 우리나라 사람이 세운 종로3가의 '단성사'가 최초다.

역사상 최초의 영화상영은 1895년 3월 22일, 프랑스 파리에서 있었다. 영상은 1분짜리 <뤼미에르공장의 출근>이었고, 촬영된 기기는 토머스 에디슨이 발명한 영사기 키네토스코프를 발전시킨 '시네마토그라프'였다. 상영장소는 '그랑'이라는 카페였다. 이후 이곳에서는 <열차의 도착>, <물 뿌리는 정원사>들이 상영되었다. 이 영상들을 촬영하고 상영한 사람은 루이 뤼미에르와 오귀스트 뤼미에르 형제였다. 그래서 뤼미에르 형제는 '영화의 아버지'라고 불린다.

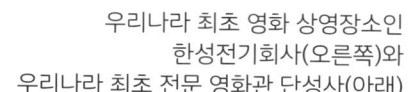

우리나라 최초 영화 상영장소인
한성전기회사(오른쪽)와
우리나라 최초 전문 영화관 단성사(아래)

뤼미에르 형제의 영상을 홍보하는 포스터(1896)

시네마토그라프

치열한 삶의 현장
시장

장터는 발 디딜 틈이 없을 정도로 북적거렸다.

객사마당을 중심으로 아침 일찍부터 싸전을 비롯한 어물전과 건어물전, 채소전, 옹기전, 그릇전, 유기전, 갓전, 우시장, 닭전, 일용잡화를 파는 각종 난전이 들어섰다.

이 난전에는 옷을 파는 옷장수와 기름장수, 소금장수와 더불어 면빗이나 참빗, 얼레빗이 보였고 신발이나 모자, 담뱃대나 인두, 가위, 손거울, 그리고 가용에 필요한 각종 철물들이 빼곡하게 진열되어 있었다.

객사마당 한 켠에는 바소쿠리나 채반을 지게에 지고 온 바구니장수와 나무장수, 숯장수가 종일 손님을 기다렸다. 대장간에서는 농번기에 쓸 농기구를 손질하는 풀무질이 한창이고, 오래 사용하여 깨어지고 구멍이 난 솥이나 양동이를 땜질하는 땜쟁이의 손길도 분주했다.

객사 마당 뒤에서는 막걸리를 병에 담은 다음 주문받은 술집이나 음식점으로 날랐다. 방앗간에서는 시루떡과 백설기, 떡국 떡을 뽑아내느라 분주했다. 국밥집에서 풍겨오는 구수한 냄새에 이끌려 음식점 안에 자리 잡은 손님들은 술잔을 앞에 놓고 왁자하게 소리를 내질렀다.

18세기 풍속화가 김준근이 그린 〈시장〉

정해룡의 역사소설《조선의 잔다르크 월이》에 묘사된 경상남도 고성의 옛 재래시장 모습이다. 월이는 임진왜란 때 이순신 장군을 도운 인물이다. 월이가 일본 스파이가 만든 고성의 지도를 몰래 고쳐 그렸고, 그 결과 이순신 장군은 지도만 믿고 당항포에 쳐들어온 왜군의 함선 26척을 모두 격파할 수 있었다. 만약 월이가 없었다면 이순신 장군도 당항포해전에서 승리하기가 결코 쉽지 않았다.

19세기 대한제국 시절 남대문시장(1896)

월이네 고성시장에는 없는 게 없었다. 쌀, 생선, 채소들도 있었고 그릇, 옷, 머리빗, 신발, 모자, 가위, 손거울, 바구니 같은 것들도 있었다. 참기름을 짜고 떡을 찌는 방앗간과 술과 국밥을 파는 음식점도 있었으며, 부엌에서 쓰는 칼이나 밭에서 쓰는 호미를 만드는 대장간도 있었다. 오늘날의 시장에도 없는 것이 없다. 대부분 공장에서 만든 물건을 팔고 있지만, 국밥은 아니어도 떡볶이나 순대, 어묵 같은 먹을거리는 여전히 군침을 돌게 한다.

엠포리움 유적

시장은 사람들이 무리 지어 살고, 이웃한 다른 무리와 물건을 교환하면서 생겨났다. 고대그리스에서는 도시의 대표를 뽑거나 회의를 하던 '아고라'라고 불린 광장이 있었는데, 아고라는 시장 역할도 했다. 또 그곳에는 시장에 필요한 물품들을 보관하거나 해외로 원정을 가는 군인들에게 물품을 보급해 주기 위한 대형창고도 있었다. 오늘날 물류센터 같은 곳이었다. 이런 대형창고를 고대로마에서는 엠포리움이라고 했다. 그래서인지 오늘날에도 '엠포리움'을 이름으로 하는 백화점이나 시장이 많다.

인류 4대 문명의 발상지이기도 한 중동지역에도 시장은 있었다. 이곳에서는 시장을 아랍어로는 '수크', 페르시아어로는 '바자르'라고 했다. 이들은 정기적으로 새해 첫날과 종교행사 때 다양하고 큰 시장을 열었다. 또 중국과 유럽을 오가는 상인들이 들른 덕분에 시장은 언제나 동서양의 상인들로 가득했다. 우리나라 삼국시대 신라에도 이곳 출신 상인들이 찾아왔었다.

시장은 오랜 역사를 가지고 있지만, 오늘날까지 남아 있는 곳은 많지 않다. 그중 가장 오래된 시장으로 꼽히는 곳은 1014년에 문을 연 영국 런던의 '버러마켓(Borough Market)'이다. 지금도 버러마켓은 세계에서 가장 큰 식품 시장이다.

1,000년의 역사를 자랑하는 버러마켓

우리나라 시장에 대한 기록은 《삼국사기》에 처음 등장한다. 기록에 따르면 490년 신라 경주에 '경시'라는 시장을 열었고, 509년에는 '동시'를 열었다. 삼국통일 후에는 '서시'와 '남시'도 설치했다. 또 기록에는 없지만 통일 후 늘어난 시장의 수로 보아 백제와 고구려에도 각각 100개 이상의 시장이 있었을 것으로 추측할 수 있다.

한편 영어에서 시장은 마켓(Market)이라고 하는데, 이는 로마신화에서 상업의 신인 메르쿠리우스(Mercurius)에서 비롯되었다.

최고의 권력을 가진 자의 집
궁전

인도 무굴제국 황제 악바르 대제의 얼굴에 근심이 가득했다.
"폐하, 불편하신 게 있으신지요."
"불편한 게 아니라 걱정이 되어 그런다."
"걱정이라니요?"
"결혼한 지 13년이 되었는데도 왕자가 없지 않느냐? 지금이야 문제없겠으나 내가 죽으면 어찌 될지 걱정이구나."
"시크리 마을에 성인이 산다 하니 기원을 해 보시는 게 어떨는지요?"
시크리 마을에 사는 성인은 치슈티라고 했다.
"1년 안에 아들이 태어날 것입니다."
실제로 1년 후 왕비 조다 바이가 아들을 낳았다.

"그대 예언대로 왕자가 태어났구나."

대제가 기뻐했다. 그러자 성인이 슬픈 얼굴로 대답했다.

"사실 왕자님은 죽은 제 아들이 다시 태어난 것입니다."

치슈티는 왕비의 몸에 아이의 영혼을 깃들게 하려고 자신의 여섯 달된 아들을 죽였다고 했다.

"그대가 큰 희생을 했구나. 소원이 있다면 말해 보아라."

"시크리를 큰 도시로 번성시켜 주십시오."

그날 이후 시크리에서는 대규모 공사가 시작되었다. 도로가 깔리고 건물들이 들어섰다. 웅장한 궁전도 건축되었다. 그리고 마침내 시크리는 무굴제국의 수도가 되었다. 또 새로운 이름도 얻었다. '파테푸르 시크리(Fatehpur Sikri)'였다. 그것은 '승리의 도시'라는 뜻이었다.

고대도시 파테푸르 시크리의 붉은성 '랄 낄라'

인도 무굴제국이 수도를 아그라에서 시크리로 옮긴 건 1569년이었다. 왕궁인 랄 낄라(붉은성)가 완성된 때였다. 보통 수도를 옮길 때 권력자의 집, 궁전을 가장 먼저 짓는다. 권력자의 안전을 위해서다. 그리고 궁전은 웅장하게 짓는다. 권력자의 권위를 세우기 위해서다. 도시 이름을 따서 파테푸르 시크리라고도 불리는 랄 낄라도 안전을 위해 성벽을 높게 쌓았고, 권위를 세우기 위해 웅장하고 아름답게 지어졌다.

애초에 사람들은 무리를 이뤄 한집에 모여 살았다. 내 집, 네 집이 아니라 우리 집이었다. 그러다 사람들 사이에서 권력을 잡은 자가 생기면서 그만을 위한 집도 생겼다. 그들은 더 크고 더 아름다우며 더 안전한 집을 원했다. 그래서 그들의 집은 점점 더 커졌고 더 아름다워졌으며 더 튼튼해졌다. 그렇게 해서 탄생한 것이 궁전이다. 기록으로 남아 있는 서양 최초의 궁전은 그리스 남쪽 크레타 섬에 있는 '크노소스 궁전'이다. 기원전 1900년경에 세워졌다고 한다. 지진 때문에 무너진 것을 기원전 1700년경에 다시 세웠다고 한다.

크노소스 궁전의 유적(그리스 크레타 섬)

동양 최초의 궁전은 중국에 있다. 기원전 2000년경 하나라 때 만들어졌다고 알려진 얼리터우 궁전이다. 하지만 안타깝게도 크노소스 궁전도 얼리터우 궁전도 현재는 유적으로만 남아 있다.

얼리터우 궁전의 유적(중국 허난성)

세계적인 프랑스 베르사유 궁전이나 오스트리아 쉰브룬 궁전, 러시아 크렘린 궁전은 왕의 권력이 강력했던 16~17세기에 건축되었다. 큰 건축물에는 많은 돈과 사람들이 필요한데, 권력자에게 힘이 있어야 동원할 수 있기 때문이다. 프랑스의 루이 14세, 신성로마제국(오스트리아)의 막시밀리언 2세, 러시아제국의 이반 대제가 그런 권력자였다.

우리나라도 왕이 등장했을 때 궁궐도 등장했을 것으로 추정한다. 하지만 우리가 확인할 수 있는 것은 신라의 월성과 백제의 왕궁리 유적뿐이다. 고구려나 발해, 그리고 고려까지 북한과 중국에 수도가 있었기 때문이다.

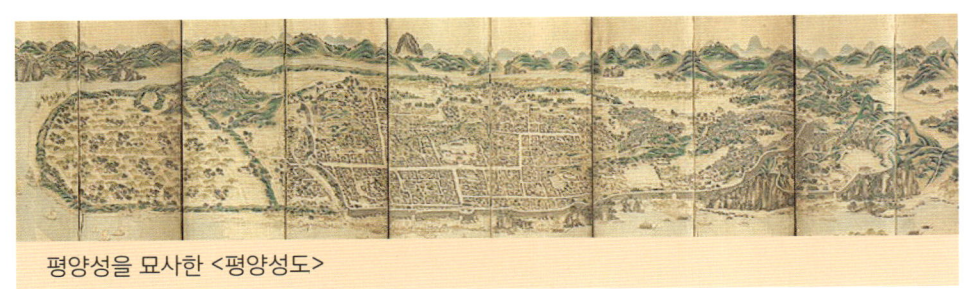
평양성을 묘사한 <평양성도>

조선의 궁궐은 임진왜란과 병자호란으로 거의 불타 버렸다. 하지만 이후 그 자리에 다시 지어 오늘에 이르고 있다. 현재 서울에 경복궁, 창덕궁, 창경궁, 경희궁, 덕수궁이 있다.